Sabatino Sorrentino

L'APERITIVO ITALIANO

con i migliori salumi d'Italia

MARETTI
EDITORE

L'APERITIVO ITALIANO

con i migliori salumi d'Italia

Curatore · Curator
Sabatino Sorrentino

Progetto editoriale
Editorial Project
Gurus

Direzione Editoriale
Publishing Director
Manfredi Nicolò Maretti

Foto · Photos
Lido Vannucchi

Testi · Texts
Gurus ed Elena Maffioli

Editing
Maria Paola Poponi

Grafica · Graphics
Maretti Editore
(Claudia Dagostino)

Traduzioni di · Translations by
Agenzia Traduzione-In - Milano

ISBN 978-88-9397-089-1

Si ringraziano
Special thanks

SOMMARIO

CONTENTS

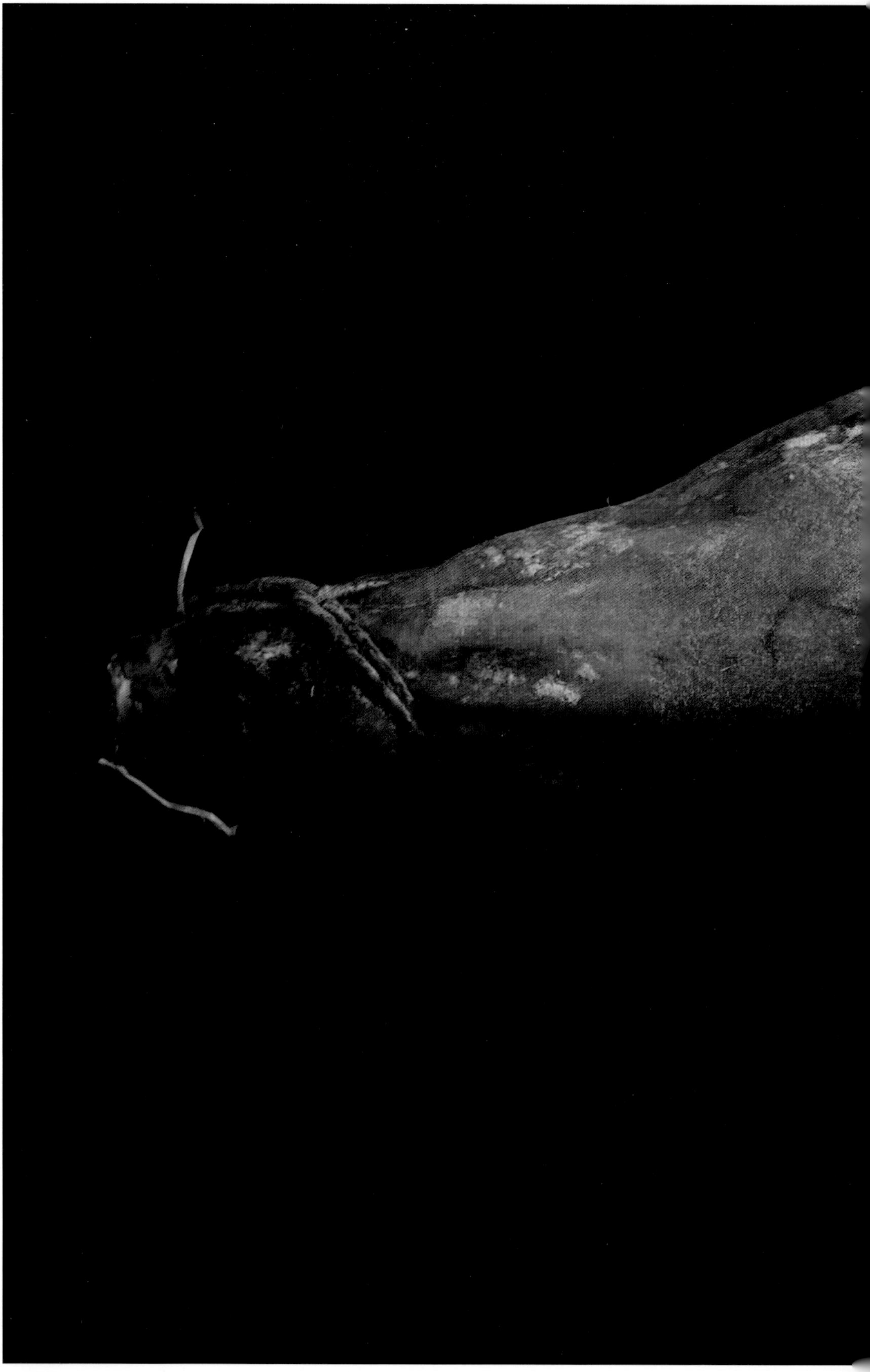

Prosciutto crudo Barrique – Galloni

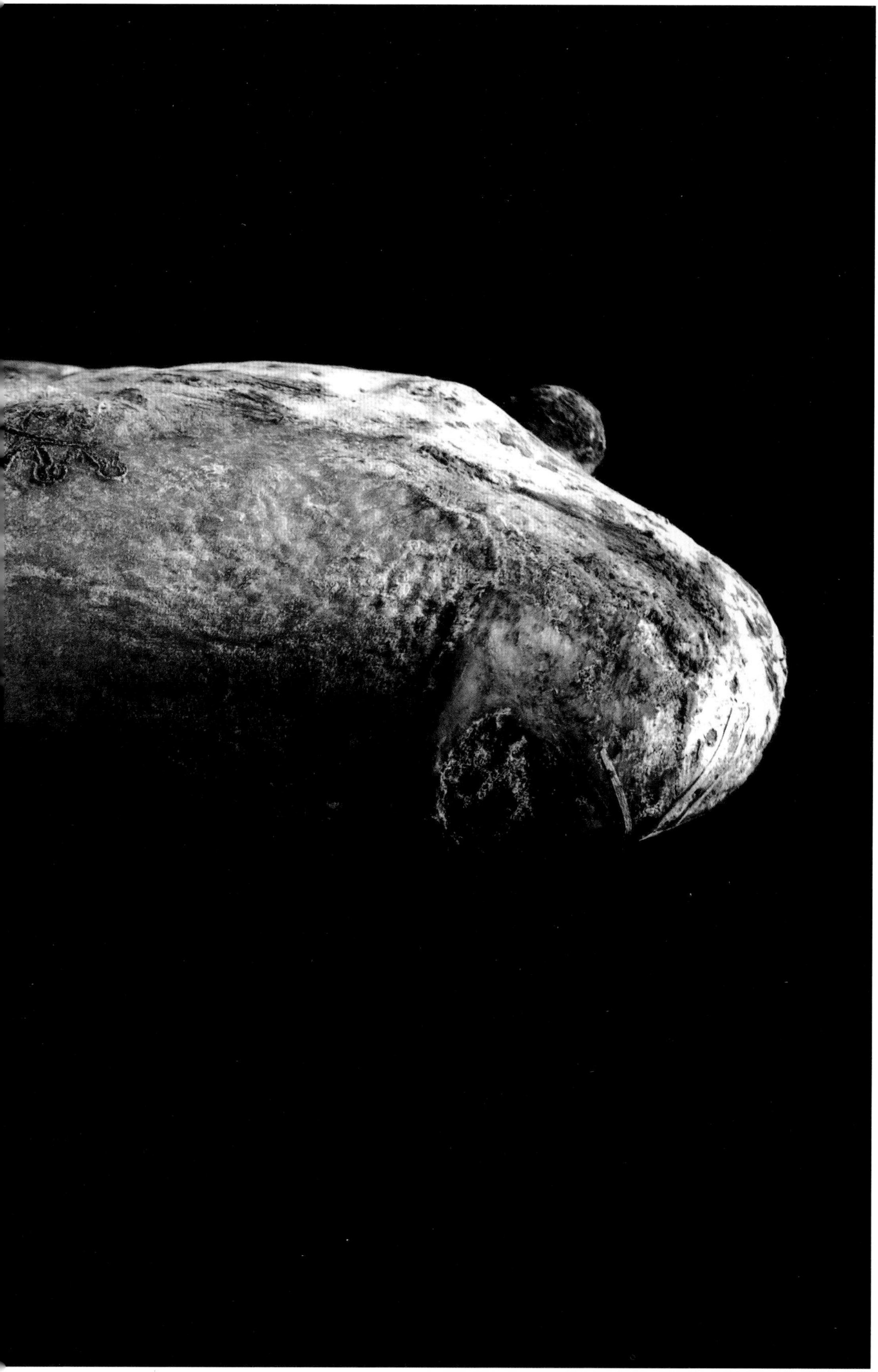

INTRODUZIONE

INTRODUCTION

L'aperitivo veste italiano, un rito quotidiano che racconta molto della *dolce vita* che tutto il mondo ci invidia. Martini, Negroni, Bellini, Rossini, sono solo alcuni esempi di cocktail oramai iconici che ci contraddistinguono; senza dimenticare il popolarissimo Spritz a cui si affiancano vermouth, liquori, vini, spumanti e tanto altro ancora.

Bere di qualità, durante l'*ora felice:* c'è davvero l'imbarazzo della scelta. Da Milano a Torino passando per le principali città italiane fino ad arrivare al bar di quartiere sotto casa. Non è però così diffusa ancora l'attenzione in fatto di abbinamento, e spesso l'aperitivo si esaurisce con companatici o piatti non all'altezza del vessillo nazionale.

Questo libro nasce quindi, e soprattutto, per consigliare e stuzzicare l'appetito con i migliori salumi d'Italia: prodotti di alta salumeria realizzati con passione e artigianalità; eccellenze premiate con i cinque spilli dalla prestigiosa *Guida Salumi d'Italia 2023.*

È stata anche l'occasione per realizzare i cocktail che hanno fatto la storia del bere italiano, accompagnati da prodotti da forno deliziosi nonché raffinati e curati *appetizer* a firma di Davide Di Fabio, Executive Chef del ristorante Dalla Gioconda di Gabicce Monte.

Il dado è tratto: non c'è "vero" aperitivo senza i migliori salumi d'Italia.

The Italian aperitif, a daily ritual that says a lot about the *dolce vita* envied by the entire world. Martini, Negroni, Bellini and Rossini are just a few examples of the iconic cocktails that set us apart; without forgetting the ever-popular Spritz, as well as vermouth, liqueurs, wines, spumante and much more.

Quality drinks, during happy hour: you really are spoiled for choice. From Milan to Turin and all the major Italian cities right up to the local neighborhood bar. However, the same level of attention in terms of combinations is still not common and, often, an aperitif is accompanied by side dishes that fail to live up to the national standard.

Therefore, and above all, this book has been produced to offer advice and whet the appetite with the best cured meats in Italy: high-quality delicatessen products made with passion and craftsmanship; excellences awarded the five pins by the prestigious *Guida Salumi d'Italia 2023.*

It was also an opportunity to make the cocktails that have written the history of Italian drinks, accompanied by delicious baked goods, as well as sophisticated, well-rounded appetizers prepared by Davide Di Fabio, Executive Chef at the Dalla Gioconda restaurant in Gabicce Monte.

The die has been cast: no "real" aperitif is served without the best cured meats in Italy.

Prosciutto di Parma DOP 24 mesi Ferrari · Prosciutto di Parma PDO 24 months Ferrari

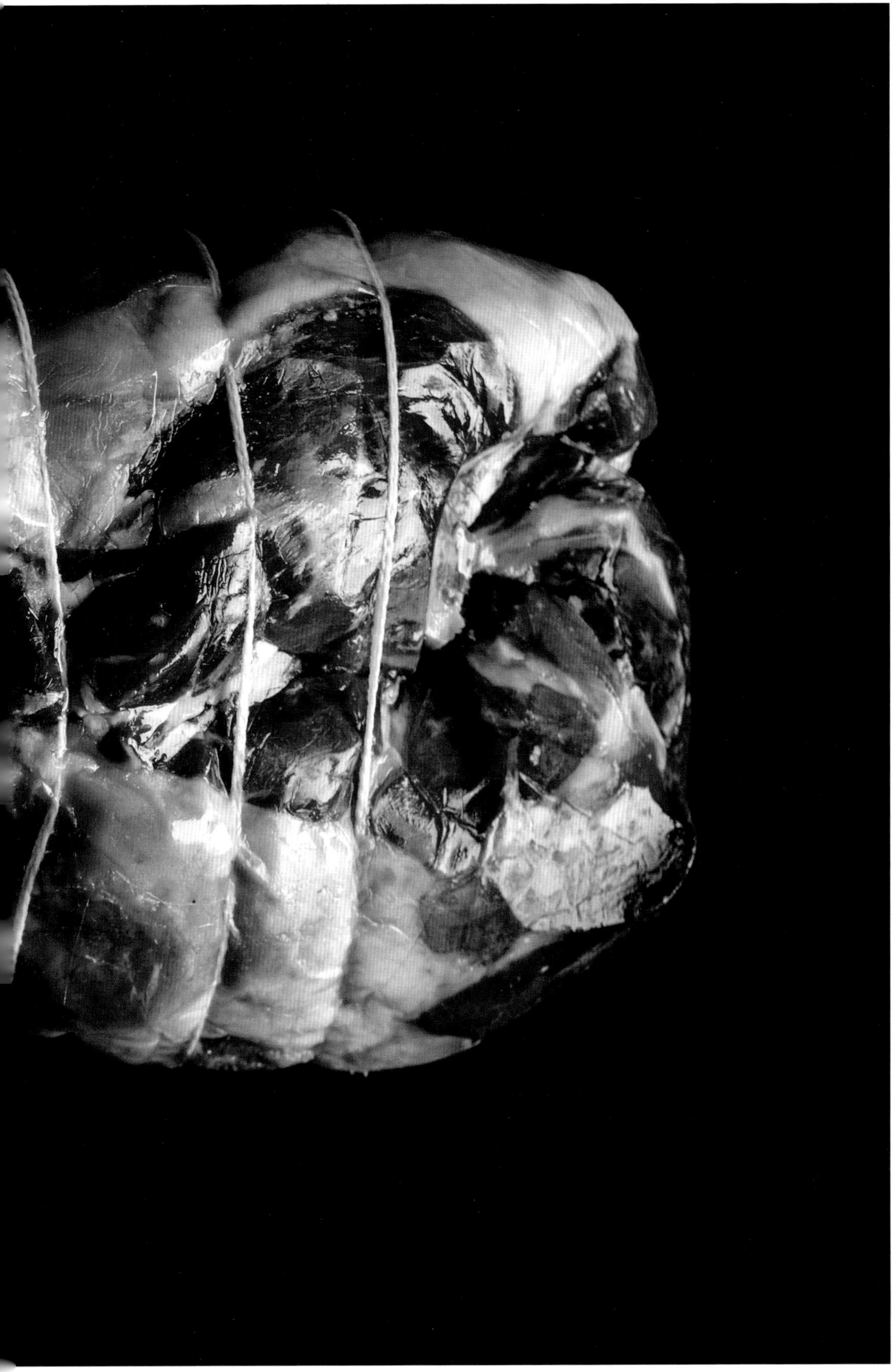

Prosciutto arrosto Aronne Riserva Leoni

LA SALUMERIA NELLA STORIA

CHARCUTERIE THROUGH HISTORY

Benché l'arte della salumeria sia localizzata, ufficialmente, in quel di Norcia donde arriva anche la parola "norcineria", ciascuno dei più reconditi angoli del nostro Bel Paese custodisce, e da tempo immemore, per giunta, la sua specifica tradizione in fatto di salumi e insaccati.

La tradizione, come vedremo, era perpetuata già al tempo di Ramses III, Faraone della XX dinastia egizia (1217 a.C. - 1155 a.C.), ma risale presumibilmente già al Neolitico, come dimostra la certosina indagine condotta dal paleontologo britannico John Desmond Clark (1916 - 2002).

A questo studio si collega la civiltà etrusca, presso cui l'allevamento suino era praticato con un orientamento produttivo assai contemporaneo, come dimostrano alcuni rinvenimenti collocati in quel di Vulci (VIII sec. a.C.) e, poi, anche a Forcello (IV sec. a.C.), nei pressi della virgiliana località di Andes. Qui, su un campione di circa quarantamila resti animali, il 60% era costituito da suini i cui corpi erano stati puntualmente amputati, durante la macellazione, degli

Although the art of pork butchery in our Country seems to derive from the homonymous city of Norcia, along the entire perimeter and history of Italy cured meats and sausages are part of every Italian's home.

Even if, as we will see later, the first references to cured meats date back to Pharaoh Ramesses III, of the 20th Egyptian Dynasty (1217- 1155 BCE), it is already from the Neolithic period that the processing of the pig is intertwined with the history of man and vice versa, as shown by the detailed investigation conducted by the British paleontologist John Desmond Clark (1916 - 2002). Specifically, it is linked to agriculture and even more to animal farming, which sees humans change their lifestyle from nomadic to sedentary.

The many findings brought to light in Vulci (8th century BCE), a rich Etruscan city situated in what is now northern Lazio and, later also in Forcello (4th century BCE), a few kilometers South East of Mantua, near the locality of Andes, solidify the belief that already in the Etruscan age animal farming was practiced in a similar manner and in accordance with the current practices. The traces discovered in these places on a sample of about forty thousand animal remains, well delineate the presence of the bodies of pigs whose limbs had been amputated during the slaughtering practice and which are supposed to have been dried and prepared for sale, as it still happens today for our prosciuttos. As for literature, we owe to Hippocrates, the father of Western medicine, the first texts about the processing of the pig and the praise of its meat.

In a writing of the 4th century BCE, Marcus Porcius Cato - also known as Cato

arti posteriori, a indicare che già allora dovevano essere ricavati, essiccati e venduti altrove manufatti che, in tutto e per tutto, potevano essere assimilati al nostro "prosciutto". Questa, la prima testimonianza fattiva: in letteratura, invece, tutto comincia con Ippocrate il quale, padre della medicina Occidentale e depositario del giuramento omonimo, lodò per primo le virtù della carne di maiale in uno scritto del IV secolo a. C..

Dopo di lui farà altrettanto Marco Porcio Catone - meglio conosciuto come Catone il Censore (234 - 149 a.C.) - che nell'ultimo capitolo, il CLXX, del *De Agricoltura* descrisse la ricetta per la produzione del prosciutto che lui già chiamava *perxuctus,* ovvero prosciugato, perché disidratato per opera del sale. Similmente farà Tito Livio in *Ab Urbe condita* (XXXV, 5, 49) dove cantando le lodi di un banchetto registrò come tutto fosse stato fatto *ex mansueto sue factam* ovvero, ricavato dal mansueto maiale. Identica confessione quella estorta a Trimalcione da Petronio che, nel *Satyricon,* dichiara: «ch'io non abbia più a crescere di soldi, non di grasso, se tutta questa roba il mio cuoco non l'ha fatta dal porco».

Da queste attestazioni si evince che in epoca romana era dunque diffusa una certa quantità di ricette legate alla carne del maiale, già sottoposta a tecniche di stagionatura e affumicatura. Tutto l'animale, comunque, era celebrato nonché sottoposto a una sottile opera di propaganda: la rinomata X Legio, il fiore all'occhiello dell'esercito romano, recava sugli scudi niente meno che l'emblema di un maiale selvatico, stimatissimo anche da Plinio il Vecchio il quale, su di lui, scriveva «che da nessun altro animale si trae maggior materia per la ghiottoneria». Marco Terenzio Varrone, dal canto suo, erige il modello del buon *pater familias* su colui che provvedeva direttamente al porzionamento e alla salagione delle sue proprie mezzene: lo scrive nel *De re rustica* (I sec. a.C.) in un'appendice di approfondi-

the Censor (234 - 149 BCE) - in his *De Agricultura* ("On Agriculture") equally exalts and clearly identifies the preservation of pork haunches through *perxuctus,* very dry in English, praising the taste derived from the method of drying through heavy salting. Also, in *Ab Urbe condita* (XXXV, 5, 49) by Titus Livius, known in English as Livy, the pig and its derivatives are the protagonists of a banquet entirely *ex mansueto sue factam* that is, obtained from the meek animal. Furthermore, in the 'Satyricon' written by Gaius Petronius, Trimalchio declares to Petronius: "As I hope to grow a bigger man, in fortune I mean, not fat, I declare my cook made it every bit out of a pig".

As it is clear to us, pork was well present on the tables during the Roman times, where there was no lack of recipes and methods to obtain fragrant cured meats. Not only techniques for smoking and salting pork, but also a sort of 'promotion' of this animal, embodied in the renowned Legio X, which bore the effigy of the wild pig on the shields of the Roman army. Similarly, Pliny the Elder believed "that from no other animal is derived more material for delicacy" if not precisely from the pig.

Speaking of war, it is to the Lombards, after the migration to the South between the 2nd and 6th century CE, that we owe the so-called "Civilization of the Pig" and the spread of the culture of pork butchery. As Marcus Terentius Varro testifies in an appendix dedicated to the Gaul population in his *De re rustica* (1st century BCE), it is to them that we must attribute a greater experience in the field of the processing of the pig and its meat. In fact, it was the task of the *pater familias* (the male head of a household) to take care of portioning the pork sides and salting the parts, establishing a real model of attitude.

Prosciutto crudo Audax 30 mesi Ruliano • Prosciutto crudo Audax 30 months Ruliano

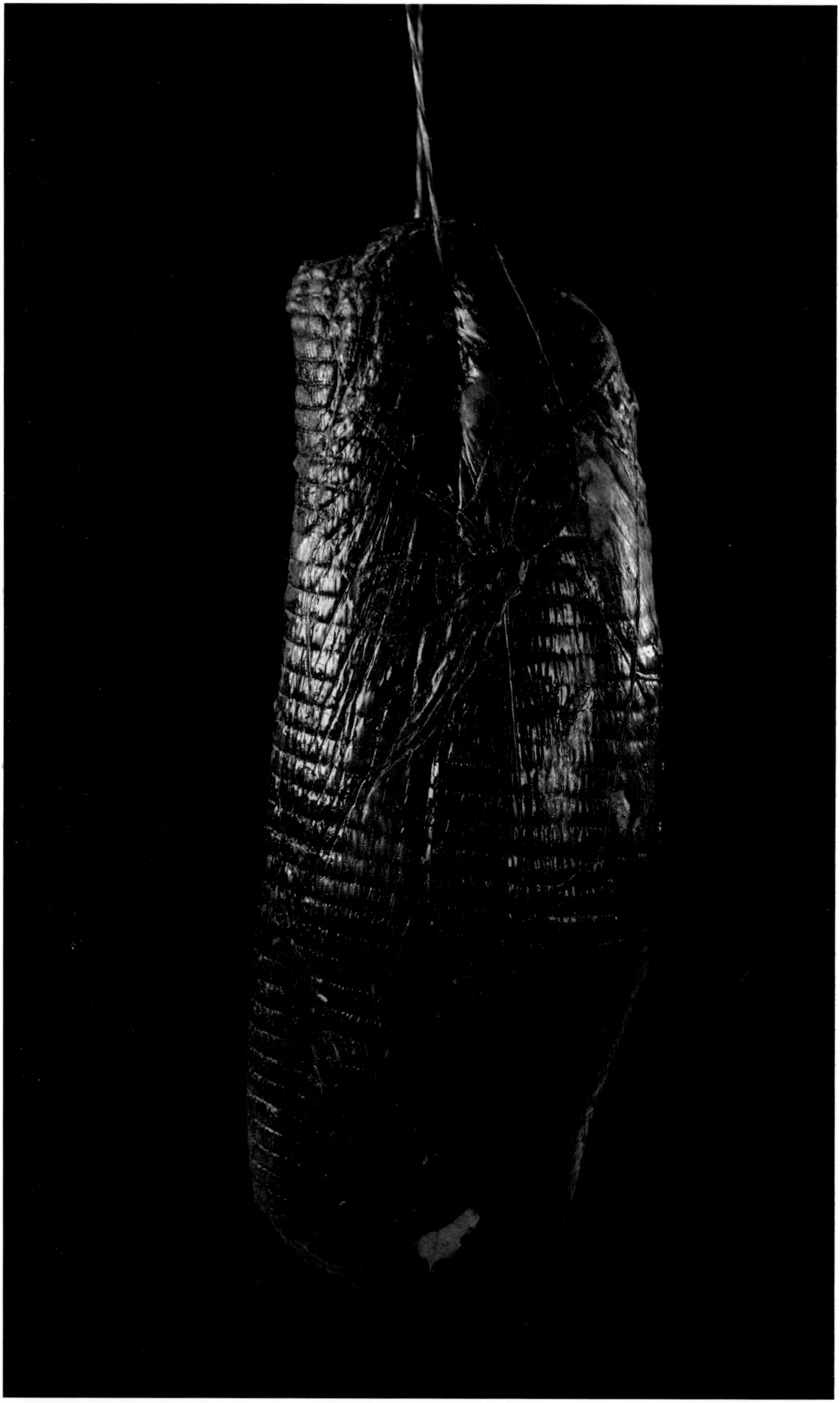

Bresaola Bio Primitiva Paganoni • Organic Bresaola Primitiva Paganoni

mento dedicata al popolo gallico che, secondo lui, era più esperto di quello italico nella lavorazione delle carni suine.

Alcuni secoli prima di Cristo, d'altronde, già Catone il Censore descriveva la ricetta per la produzione del prosciutto, che lui chiamava *perxuctus*, "prosciugato" in italiano, ovvero disidratato col sale.

E difatti, nonostante il livello di erudizione raggiunto in Italia su un'arte che, da sempre, è stata considerata di origine nazionale, è ai barbari che si deve almeno un cenno di gratitudine per aver perorato la causa, e diffuso la cultura, del maiale. Più precisamente pensiamo agli invasori Longobardi che, dopo la migrazione verso sud tra il II e il VI secolo d.C., dettero vita a quella che presso gli storici dei costumi è stata unanimemente ribattezzata "la Civiltà del Maiale". In queste terre, che coincidono oggi con parte della Liguria, del Piemonte, del Veneto, di tutta la Lombardia e una porzione dell'Emilia-Romagna – l'allevamento e l'uso della carne suina essiccata e stagionata subì una tale impennata da determinare la nascita di un confine assai significativo, e tuttora evidente, tra Emilia e Romagna. In Emilia, infatti, tutte le paste ripiene fanno largo uso della carne di maiale – prosciutto e mortadella, soprattutto – mentre in Romagna, complice l'influenza bizantina la cui cultura indora nei mosaici la città di Ravenna, si prediligeva come ripieno per la pasta fresca il formaggio di pecora, combinato all'uopo, semmai, con erbette di stagione.

Tornando dunque ai Longobardi, è in questi anni, diciamo orientativamente tra il VI e l'VIII secolo d. C., che il suino diventa una delle risorse alimentari più determinanti per il nostro popolo e, soprattutto, allorquando si incominciò a sperimentare altre forme di conservazione, come l'insaccatura, e a dare vita alle prime spalle, pancette, salami e salsicce. È dunque così, anche e soprattutto grazie all'esistenza del maiale e alla sua fruttifera convivenza con l'uomo, che si giunge al primo Medioevo.

During the Lombard reign, there was an enormous increase in livestock farming in the lands that now correspond to Liguria, Piedmont, Veneto, Lombardy and a portion of Emilia-Romagna, and the consequent consumption of cured and dried meats. So much so as to establish a real delimitation border, still evident today, between Emilia and Romagna. Even today, the division involves not only the geographical aspect but also the one concerning the filling of fresh pasta, with a tradition based on the use of pork in Emilia, whereas in Romagna sheep's cheese and, sometimes, seasonal herbs are preferred.

It is in the Lombard period, therefore, between the sixth and eighth century CE, that the actual art of pork butchery was materialized in the first shoulders, pancetta, salami and sausages derived from pork, becoming one of the most important and fruitful food resources. The link between pig and man reaches the early Middle Ages where the preparation techniques of Coppa, salami and pancetta were refined, thanks to the particular favorable conditions for breeding. Evidence of this prolific liaison can be found in an important document present in the inventory of the Brescia Monastery of Santa Giulia, dating back to the beginning of the 10th century, which attests to the predominance of pig farming, about 45% of the animal capital, compared to poultry, in the estates of the Lombard lands. Not only that. In the city of Florence, in the fourteenth century, there were four thousand oxen and calves, eighty thousand sheep and thirty thousand pigs that came from the woods and indigenous breeding. The dense woodlands and temperate climate, therefore, proved excellent for

Culatta di Busseto 16 mesi IBIS • Culatta di Busseto 16 months IBIS

In questo periodo, complice l'estensione delle foreste, si hanno grandi allevamenti di maiali bradi attestati soprattutto nel piacentino dove, grazie a un clima relativamente temperato, al riparo dal sole diretto e stemperato da folte macchie boschive, il maiale prosperava sviluppando un grasso nobile che, nel tempo, dette origine alla famosa coppa, al salame e alla pancetta odierni. Lo testimonia un importante documento risalente all'inizio del X secolo: si tratta dell'inventario del monastero bresciano di Santa Giulia il quale attesta che in circa ottanta proprietà sparse nell'Italia del nord, anche se concentrate soprattutto in Lombardia, i suini rappresentavano circa il 45% del capitale animale, volatili esclusi; questi dati furono poi confermati quando, intorno al XIV secolo, la sola città di Firenze, coi suoi 90.000 abitanti, assorbiva annualmente, proprio da quei boschi, quattromila tra buoi e vitelli, ottantamila ovini e trentamila capi di maiale.

Ebbene, è proprio nell'areale di confine tra Lombardia ed Emilia-Romagna che si ambienta buona di questa nostra storia suinicola; a dimostrarlo, una molteplicità di testimonianze: la prima, quasi una dichiarazione d'amore, la ritroviamo all'interno dell'Abbazia di San Colombano di Bobbio, in Val Trebbia, dove si può ammirare un mosaico del XII secolo rappresentante il sacro rito della macellazione del maiale. Un'analoga raffigurazione è poi custodita nella cripta della Chiesa di San Savino, proprio adiacente alla città.

La salatura e la stagionatura erano, allora, conoscenze tramandate di generazione in generazione, e gelosamente, per giunta, perché proprio di un'arte si trattava: a testimoniarlo Giulio Landi che nel suo *Formaggiata di sere stentato,* edito nel 1542, cita e nobilita tutti i salumi prodotti a Piacenza, accostandoli ad altri salumi italiani, tra cui i prosciutti di Norcia. Di poco successivo (1569) *Le vinti giornate d'agricoltura et de piaceri de la villa,* un trattato di agronomia a firma di Agostino Gallo, sostiene che «si debba tenere de' porci per

the growth of the pig in the wild, which allowed the development of noble fat.

Many other examples of the historical pig breeding and processing are found in the Parma area where, inside the Bobbio Abbey, in Val Trebbia, the practice of pig slaughtering is depicted in a 12th century mosaic. A similar representation is also present in the crypt of the Basilica of San Savino in Piacenza.

In Piacenza itself, we have traces of the practice of pork butchery also in the text by Giulio Landi who in his *Formaggiata di sere stentato,* published in 1542, recounts how cured meats and the processing of indigenous pig were equally important and widespread in other Italian towns besides Norcia. The art of pork butchery, because it is an art, handed down from generation to generation is also mentioned in the agronomy treatise *Le vinti giornate d'agricoltura et de piaceri de la villa* (The twenty days of agriculture and the pleasures of the country estate), of 1569 by Agostino Gallo, who maintains that "one should keep pigs to slaughter them fat at the time of cold weather for the needs of the family and of the workers".

The relation between pig and man is not discussed and analyzed only in the literary field. In cathedrals from Sicily to northern Europe, in fact, the pig plays an important role in the scheduling of peasant's traditions. In various pictorial representations, the months of November and December were dedicated to the slaughtering and processing of the pig. A sort of didactic calendar as also mentioned by Bonvesin de la Riva in his *Tractato dei mesi* (The months' treaty) and equally by Folgòre da San Gemignano in *Sonetti* (Sonnets) where

ammazzarli grassi al tempo del freddo per bisogno de la famiglia & de' lavoratori».

Ma l'importanza che il maiale ha nell'economia medioevale viene attestata anche in ambito artistico il quale, nelle cattedrali dalla Sicilia al nord Europa, secolarizzava le tradizioni contadine in una sorta di calendario didattico che dedicava i mesi di novembre e di dicembre alla macellazione e alla lavorazione del maiale. Lo scrive anche Bonvesin de la Riva, milanese, vivente a cavallo tra il tredicesimo e quattordicesimo secolo, nel suo *Tractato dei mesi*, così come Folgòre da San Gemignano nei *Sonetti* che concentra tutti i lavori nel mese di dicembre conformemente a quanto sostenuto anche in un documento di molto più antico (1177) conservato all'Università di Bologna.

Chiaramente, attorno al maiale s'era creato un sistema di valori che, in taluni casi, poteva anche degenerare in furto - l'*imbolamento*, di cui parla anche Boccaccio nell'VIII novella della sesta giornata del *Decameron* - o in bottino di guerra come testimoniato dalla novella XXXIX del *Trecentonovelle* di Franco Sacchetti, dove si narra la storia di un gran caporale che, nelle terre nemiche, fece razzia di circa ottocento porci. Altre volte il maiale veniva utilizzato come strumento diplomatico: in particolare, il potere persuasivo dei salumi, salame a capofila, permise al cardinale piacentino Giulio Alberoni di conquistarsi la simpatia di personaggi molto influenti come il Duca de Vendôme, entrando a far parte del protocollo diplomatico dell'epoca così come attestato dal carteggio intercorso tra l'Alberoni stesso e Ignazio Rocca.

Nella storia dell'arte della salumeria, però, è possibile risalire anche altre tracce, che spalancano nuovi orizzonti oltre a quelli trattati finora. In particolare, è noto come proprio le spezie potessero prendere parte attiva nel processo di stagionatura e non occorrerà sottolineare che il loro impiego abbia fornito agli storici anche alcune

he explains how the importance of bringing together the aforementioned operations was attributed to the month of December. Moreover, the pig was given a real diplomatic function as well. The Cardinal of Piacenza, Giulio Alberoni, managed to obtain the benevolence of the Duke of Vendôme exactly thanks to the intrinsic seductive capacity of cured meats, such as salami, of which we have traces in the correspondence between Alberoni himself and Count Ignazio Rocca. On the contrary, the pig and its derivatives could be an occasion for contention and, therefore, for the *imbolamento* - that is, stealing with dexterity - of which Giovanni Boccaccio also speaks in the 8th tale of the sixth day of 'The Decameron'. Likewise, raiding pigs from enemy lands could be considered part of the spoils of war, as can be seen from the 39th novella of the 'Trecentonovelle' (Three hundred novels) by Franco Sacchetti.

Another fundamental point concerning the art of butchery is the use of spices. Their use in the curing and processing of meats plays a role of social identification in the history of mankind. In fact, the name from the Latin *species* which means 'special', already referred to uncommon, almost extraordinary goods. Extraordinary because they did not belong to everyday use and were not native to the area. They came, instead, from trips to the East and were synonymous with an affluence, a prosperity that only the nobility and the wealthier classes could afford. A symbol of wealth, spices were therefore used in quantity just as further proof and ostentation of the ability to have them. Equally important was the use of salt in the preservation and process-

Mortadella Favola Gran Riserva Palmieri

preziose indicazioni di carattere sociologico. Col latino *species* si soleva indicare merci "speciali" rispetto a quelle, invece, ordinarie. Queste, infatti, essendo importate dal lontano Oriente, finivano per essere vessillo di quei prodotti nati in seno a un contesto di grande agiatezza, specie per i salumi, dove queste finivano per essere utilizzate in ingenti quantità. Stesso discorso si deve poi fare per il sale e, in particolare, non si potrà non menzionare l'importanza della località di Cervia da cui il sale, risalendo i flutti del fiume Po, partiva e si diramava in tutto il Nord Italia.

Ciò premesso, tuttavia, sarà anche bene insistere su un altro elemento specifico della produzione dei salumi in età antica, ovvero sul fatto che il maiale conteneva in se stesso tutti gli elementi atti alla loro più fantasiosa produzione. A questo proposito sarà dunque bene ricordare che si incominciò a insaccare solo quando si comprese come utilizzare, all'uopo, proprio il budello del maiale: la prima attestazione di questo particolare tipo di tecnica comprare nel XIV secolo nel *Libro della Cocina* da parte di un anonimo toscano che descrive come «Budelli di porco o vitella tu li puoi empire di grasso porcino e altre carni, con spezie ed erbe odorifere». Arriviamo dunque al salame: nella decorazione interna del Battistero di Parma (1196 - 1307) e, precisamente, nella lastra dedicata al segno zodiacale dell'Acquario compaiono due manufatti che, per dimensione e forma, sono riconducibili al Salame Felino oggi considerato tanto pregiato e caratteristico; di certo c'è che se non sussistono dubbi circa la sua produzione già in tempi antichi, è proprio il lemma "salame" a vantare un'origine a dir poco controversa.

Secondo il *Dizionario Etimologico della Lingua Italiana* di Manlio Cortelazzo e Paolo Zolli questo sarebbe comparso per la prima volta con la grafia "salamme" nel 1560; questa ipotesi è stata però presto smentita da un documento risalente al 1436 dove a un condottiero al soldo del Duca di Milano viene attribuita la richiesta di "porchos

ing of pork. Salt production was the main activity of the town of Cervia which supplied the so-called 'white-gold', branching out throughout northern Italy.

Yet, the processing of meat underwent a real turning point, already in ancient times, from the moment when it was 'discovered' that the intestine of the pig itself could be used as the casing and, therefore, of central importance in the procedure following the slaughter of the animal. It is precisely thanks to the assumption that 'nothing from the pig is thrown away' and that, therefore, the pig itself contains everything that is needed to obtain the exquisite and valuable cured meats, that the practice of sausage-making began. In the 14th century, in the *Libro della Cocina* (Book of Cuisine) by an anonymous Tuscan author, appeared for the first time the use of this particular technique and, therefore, 'revolution' described as "*you can fill pork or veal intestine with pork fat and other types of meat, with spices and aromatic herbs*".

Casing, however, was done not only with the pig's intestine, but also with the rind. We have traces of this practice in 1511 where in Mirandola, still in Emilia Romagna, after the city was besieged and with the prospect of a period of famine, the inhabitants began to prepare what we still call cotechini and, later on, to carry out the stuffing by using the pig's legs, hence the zampone. Both of these cured meats see the necessary presence and intrinsic capacity for preservation and taste that belongs to the aforementioned spices, to which the Modena almanac of 1866 refers, which identifies them as "*pulverized aromas, Ceylon cinnamon, mace, allspice, nutmeg, strong crushed pepper*".

viginti a carnibus pro sallamine": ovvero venti porci la cui carne fosse adatta per fare i salami. Fino alla fine del XV secolo, comunque, era più comune la dizione *botulus* o *insicia* per indicare carni e lardo tritati assieme e conservate in un budello sotto sale e, come si evince, è proprio nel sale - elemento ricorrente di questa nostra trattazione – che dovremo cercare l'origine del lemma il quale ci porta speditamente presso una delle corporazioni più attive, in tal senso, quella dei "lardaroli", già attivissima in quel di Bologna intorno al XIII secolo.

È proprio in seno a questa corporazione che nasce il termine *salamen* con l'accezione contemporanea: una connotazione che sarà sancita dal manuale di cucina *Il trinciante* redatto nel 1581 da Vincenzo Cervio. Una digressione necessaria, questa, perché una trattazione che voglia essere esaustiva sulla storia dei salumi in Italia non può prescindere dal menzionare proprio le corporazioni e, in particolare, quella dei "salaroli", che si aggregò ufficialmente nel 1294 quando già contava, tra i suoi iscritti, ben 281 professionisti.

Tornando al salame, comunque, le sue origini sono più antiche di quanto non sarebbe lecito supporre: lo sostiene Alda Tacca che, ne *La storia del felino,* ne rintraccia le origini addirittura all'epoca del Faraone Ramsete III (1166 a. C.) e, in particolare, nelle raffigurazioni presenti nella sua tomba, in quel di Tebe. Non è quindi escluso che manufatti simili fossero già conosciuti e apprezzati presso gli antichi Greci e Romani, donde arriva anche l'etimologia della parola "luganiga" che, oggi attribuita solo alle produzioni di Veneto e Lombardia, porta invece originariamente alla Lucania, da cui arriva appunto.

Sempre a proposito di salame, comunque, sempre da Alda Tacca ci proviene un'osservazione di carattere sociologico: ovvero che il Salame Felino si diffuse anche a corte e, precisamente, presso le mense dei Farnese, dei Borbone e della Duchessa Maria Luigia, fino a costare più del prosciutto. È precisamente in questo periodo

As for the diffusion of mortadella, another traditional cured meat of Emilia-Romagna or, better, typical of Bologna, it is due to Ovidio Montalbani, a doctor and philosopher of the 17th century. In a public notice issued by the city of Bologna in 1661, the characteristic production of this cured meat using only pork meat was clearly and strictly respected, under penalty of exemplary punishments and penalties. This was followed by a new notice in 1720, the 'Dichiarazione del Bando delle Mortadelle'. The document declared the attribution of the traditional and original recipe to the exclusive possession of the city's Guild of the *Salaroli* (artisans specialized in the processing and sale of salted pork meats).

Returning to the history of salami and its origins, we are able to focus on the fundamental stages of the evolution of the art of pork butchery from the text by Alda Tacca, *La storia del felino* ('The history of Felino'). The first depictions of this salami date back to the Egyptian era, in 1166 BCE, inside the tomb of Pharaoh Ramesses III in Thebes. Likewise, in Greek and Roman times, traces of the proven presence and appreciation of the salami reside in the etymology of the term *luganica*, of which *lucanicus*, therefore, coming from the historical region of Lucania. On the frieze slab dedicated to the Aquarius sign of the zodiac, inside the Baptistery of Parma (1196 - 1307), two artifacts stand out which have all the appearance of two salamis and, more precisely, are of a size and shape that can be traced back to Salame Felino, of which we still know the merit. Although there is no doubt on the proven presence of representations of the salami effigy, various possibilities are compared on the provenance and

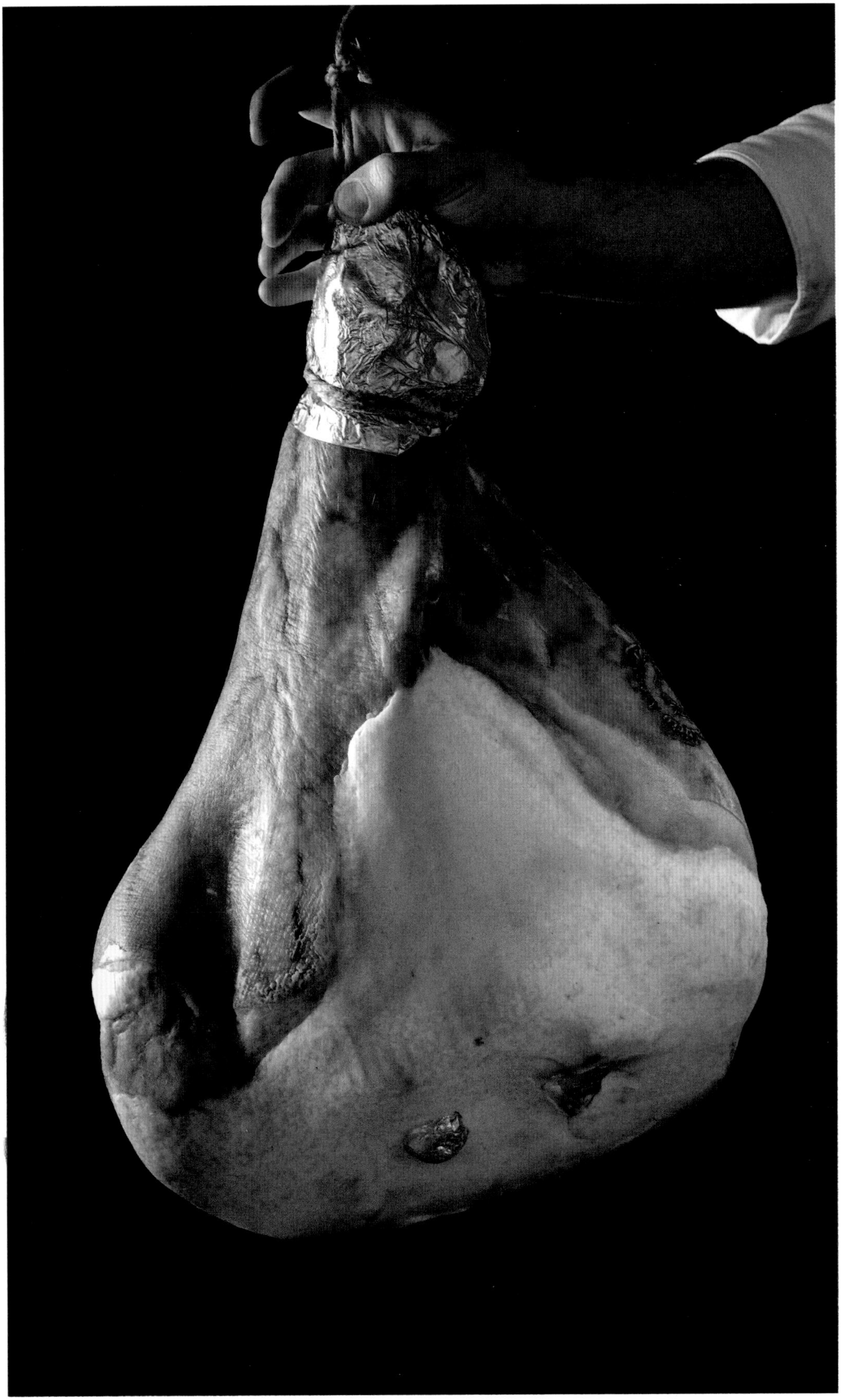

Prosciutto Amatriciano IGP SANO

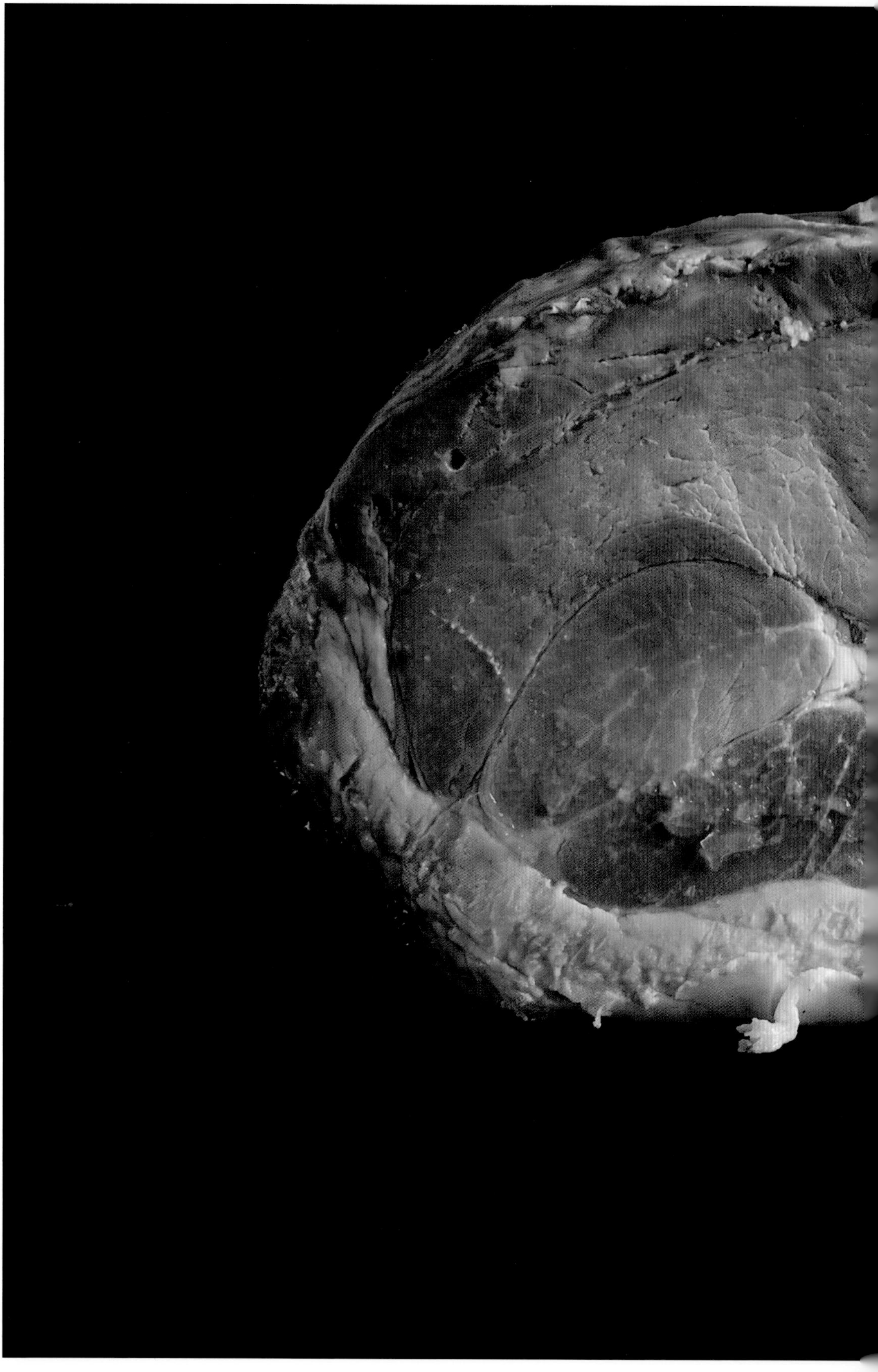

Prosciutto cotto San Giovanni Capitelli

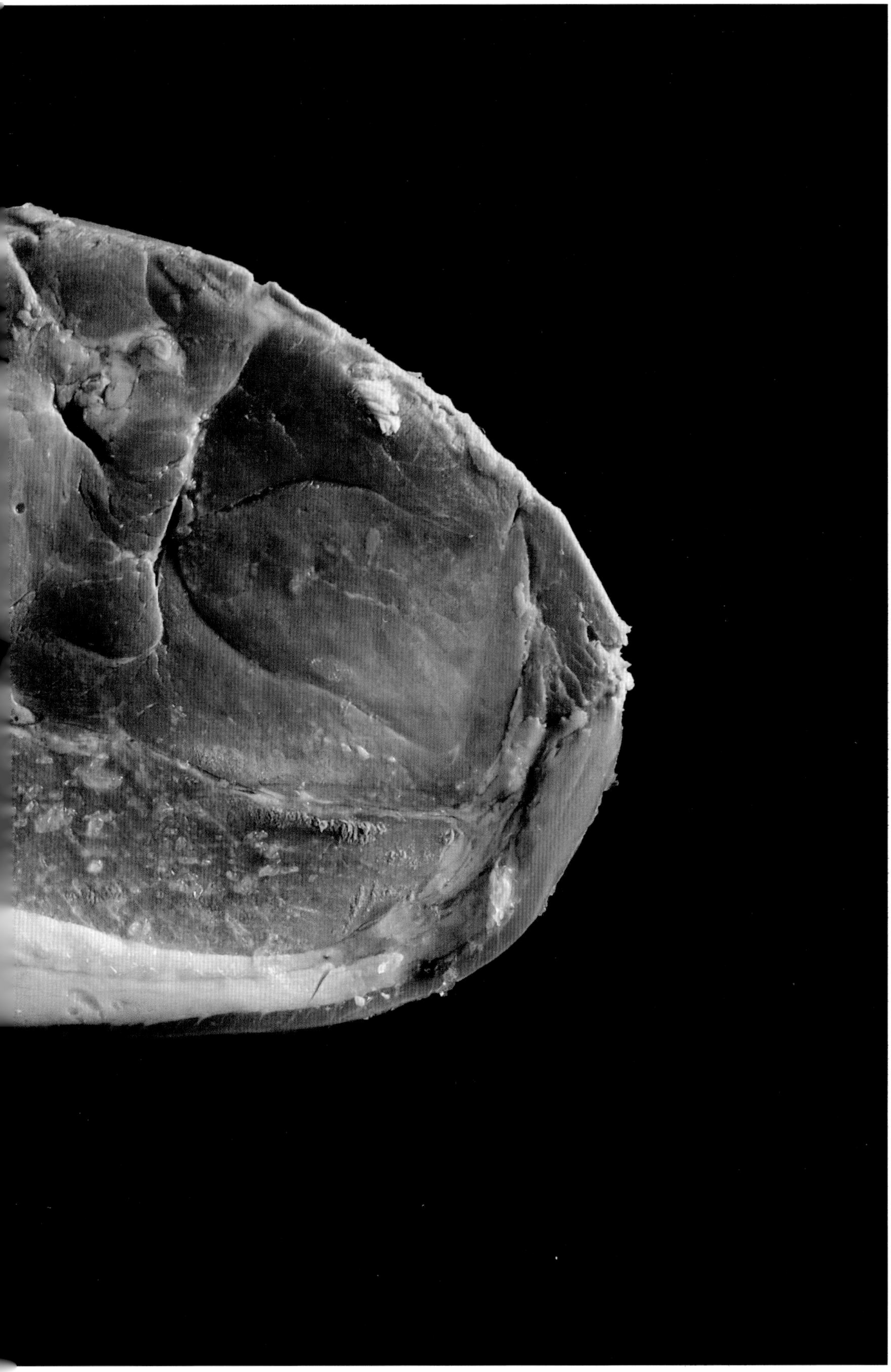

Porchetta cotta a legna Salumeria di Monte San Savino • Wood-cooked Porchetta Salumeria di Monte San Savino

che si diffuse il poemetto giocoso di Antonio Frizzi, *La Salameide*, edito a Venezia nel 1772 e poi più volte ristampato, nel corso di tutto l'Ottocento. Qui si trova il primo riferimento alla salama da sugo ferrarese e, di conseguenza, l'attestazione della versatilità della carne di maiale, che l'autore riporta come segue: "In tante forme si tramuta, e parte/ la carne del porcel nel porchicidio/ che fa trasecolar la magic'arte".

Quanto ai suoi parenti stretti, zamponi e cotechini avrebbero storia più recente. Secondo fonti accreditate il cotechino risale al XVI secolo e fece la sua prima comparsa a Mirandola, nel 1511, quando le milizie di Papa Giulio II, assediando la città, persuasero gli abitanti a prepararsi a quella che si prospettava loro come un'imminente carestia: fu così che incominciarono a insaccare la carne di maiale nella cotenna, inventando di fatto il cotechino e, successivamente, nelle zampe, dando così vita allo zampone. Questi due insaccati trovano nelle spezie e negli aromi triturati, oltre che nel sale, il loro segreto, confermato da un lunario modenese del 1866, che registrava "aromi polverizzati, cannella regina, macis, pepe garofanato, noce moscata, pepe forte franto".

Coeva di questo momento storico è poi anche la prima attestazione sulla mortadella che, dal canto suo, richiedeva una tecnologia più avanzata, ovvero la stufatura. A diffonderne la cultura fu Ovidio Montalbani, medico e filosofo del Seicento le cui gesta si ritrovano ne *L'economia del cittadino in villa* di Vincenzo Tanara (1644), mentre nel bando emanato dalla città di Bologna nel 1661 compare a chiare lettere che la tradizionale mortadella dovesse constare esclusivamente di carni suine, imponendo addirittura punizioni e castighi esemplari, nel provvedimento successivo datato 1720, per coloro che non ne rispettassero la tradizionale ricetta alla cui realizzazione erano autorizzati solo ed esclusivamente i "salaroli" della

origin of the word itself.

The first hypothesis concerns the origin from the term *salamme* that appears for the first time in 1560, as it can be read in the Etymological Dictionary of the Italian Language by Manlio Cortelazzo and Paolo Zolli. This attribution was however anticipated by a text dated 1436 which tells of a soldier employed by the Duke of Milan, who would have requested "*porchos viginti a carnibus pro sallamine*", that is, twenty pigs whose meat was suitable for making salami.

Although until the end of the 15th century it was more common to refer to this salami with the term *botulus* or *insicia*, the second hypothesis of origin of the term that identifies it is to be found in the link between the salami and what flavors it. In Bologna, already from the 13th century, there were various active guilds. Two stand out for our history of cured meats: the first of the *Salaroli*, which officially came together in 1294 when it already counted as many as 281 professionals among its members, and the other of the *Lardaroli* (lard makers), from which the term *salamen* came from, decreed by *Il trinciante* (The carver), the first text devoted exclusively to the artful carving of meats, fish and vegetables, written by Vincenzo Cervio and published in 1581.

However, it is by returning to the text by Alda Tacca that we gather how cured meats were present at court banquets as well. Specifically, the Salame Felino was a constant presence on the tables of the influential Farnese family, the House of Bourbon and Marie Louise I, Duchess of Parma, to the point of having more importance and economic value than prosciutto. Attributed to the same historical period is the collection of playful short-poems with notes by Antonio Frizzi, *La Salameide*, published in Venice in 1772, which explains the connection

città. Una storia lunga, quella di questa corporazione, la cui maestria venne lodata anche nel 1822 dal grande economista David Ricardo.

In età Moderna le carni di maiale lavorato furono protagoniste di luculliani banchetti che potevano tenersi anche molto lontano dalle zone di produzione dei salumi che celebravano. Era questa, del resto, l'antica funzione del sale: conservare la carne e renderla, al contempo, trasportabile. A riprova di questa supposizione i documenti rinvenuti presso gli Archivi di Stato di Genova, dai quali emerge che i corsari genovesi del periodo a cavallo fra Sette e Ottocento stivavano le navi di prosciutti provenienti dall'Emilia e dal Veneto, regioni che avevano imposto, ed esportato, i modelli dei primi laboratori alimentari – spesso collegati alle manifatture di produzione propria – e le prime salumerie, i cui fasti si diffusero anche fuori dal Bel Paese grazie a due testimonial *ante litteram,* Gioacchino Rossini che, si narra, aveva una predilezione per lo zampone, e l'amico Niccolò Paganini. Ma la Rivoluzione Industriale era alle porte e, così, assieme all'innovazione tecnologica l'Europa assiste ai primi tentativi di trasformazione industriale della materia alimentare, carni suine comprese: saranno questi a imperversare nel corso del 1900 e a culminare negli anni Ottanta quale momento apicale del boom economico del Dopoguerra.

Sarà proprio questa industrializzazione a segnare, sul finire del secolo, un'inversione di tendenza che farà del consumo più moderato e del ritorno all'artigianalità uno dei passaggi cardinali della contemporaneità, e non solo in fatto di salumi.

of Salame Felino with the Salama da sugo (a particular pork salami typical of the province of Ferrara, which is consumed after cooking) and the proven adaptability of pork meat served in lavish banquets that "in many forms is transformed, and parted / The meat of the Piglet in the pork slaughter / That makes the magical art amazed."

The proximity in which it was customary to eat cured meats was not limited by territorial contiguity. The function of salt was, in fact, to allow cured meats to be transported and preserved. As can be seen from the documents found at the State Archives in Genoa, there are testimonies of how the products obtained from pork processing were enjoyed even far from the production areas. From the same documents, it emerges that between the 1700s and 1800s Genoese privateers stowed the ships with cured meats such as prosciuttos from Emilia and Veneto. These regions, heralds of the first models of food laboratories and cured meats production factories, could therefore afford to export their products even outside the Bel Paese, thanks also to two testimonials ante litteram, Gioachino Rossini and Niccolò Paganini. Yet, it is with the industrial revolution that salami becomes increasingly popular.

In fact, thanks to the industrialized transformation of raw materials, even pork butchery witnessed its maximum development, culminating in the 1980s and the consequent post-war economic boom. It was in response to the industrialization itself that, at the end of the century, a real reversal of intents occurred, promoting a return to the craftsmanship of the art of butchery and to a more conscious and reduced consumption. A trend that is still current, after all, at all levels of nutrition.

L'APERITIVO NELLA STORIA

THE APERITIF THROUGH HISTORY

"Un popolo con una così grande varietà di aperitivi come il nostro non può morire di fame", scriveva Marcello Marchesi il grande pubblicitario, paroliere a cui si devono gli slogan più celebri della tv.

Erano gli inizi degli anni '70 e uno degli intellettuali e creativi italiani più fantasiosi e originali con questa famosa frase stava prendendo atto delle trasformazioni in corso in quella società. Marchesi conosceva quel passato in cui gli italiani erano morti davvero di fame ma sapeva, e in quel momento voleva, di fatto, costruire narrazioni persuasive.

L'aperitivo è un rituale sociale e di aggregazione, una faccenda interamente italiana sia come bevanda che come rito. Da considerare come una sorta di piccola vacanza che ci si può concedere quasi ogni giorno, un momento che fa da preludio alla cena o a volte anche al pranzo.

"A people with such a great variety of aperitifs such as ours cannot die of hunger", wrote Marcello Marchesi, the great advertising man and lyricist to whom we owe the best-known TV slogans.

It was the beginning of the '70s and one of the most imaginative and original Italian intellectuals and creatives came up with this famous phrase to take note of the transformations underway in that society. Marchesi knew about the past in which Italians really had died of hunger, but at that moment he knew how and actually wanted to construct persuasive narratives.

The aperitif is a social, collective ritual, an exclusively Italian phenomenon both as a drink and as a ritual. It's considered a kind of short vacation that can be taken almost every day, a moment that's a prelude to dinner or sometimes even lunch.

It started as an informal occasion, an opportunity to meet up and socialize, during which you can sip a glass of wine, a cocktail, a beer and savor tasty appetizers.

An instant, the aperitif, which decrees the end of the day, during which tensions ease thoughts become more light-hearted.

The etymology of the word aperitif is *aperitivus*, meaning "that which opens", which referred to a drink capable of "opening" and, therefore, stimulating the appetite and a feeling of hunger. Italian is indeed a neo-Latin language, deriving from the idiom of the ancient Romans, and the same can be said of the culture, both culinary and otherwise, that we have inherited. However, that doesn't mean that Julius Caesar sipped Spritz while snacking on peanuts in the era of the Roman Empire, although it's also true that there are accounts of how the Romans used to precede the main banquet with a number of convivial practices.

Nasce come occasione informale, un momento di incontro e socializzazione, durante il quale si sorseggia un calice di vino, un cocktail, una birra e si assaporano appetitosi stuzzichini.

Un istante, quello dell'aperitivo, che decreta la fine della giornata, in cui si allentano le tensioni, e dove i pensieri diventano più lievi.

L'etimologia della parola aperitivo è *aperitivus* vale a dire "ciò che apre", con cui si intendeva una bevanda in grado di "aprire" e quindi stimolare l'appetito e la sensazione di fame.

L'italiano è sì una lingua neolatina, deriva appunto dall'idioma degli antichi Romani, e lo stesso si può affermare della cultura, culinaria e non, di cui siamo eredi. Questo però non significa che all'epoca dell'Impero Romano Giulio Cesare sorseggiasse Spritz sgranocchiando arachidi ma è pur vero che ci sono testimonianze di come i romani fossero soliti far precedere al banchetto principale alcune pratiche conviviali.

Il pasto più sostanzioso veniva anticipato dalla *gustatio* o come lo chiamava Cicerone dal *promulsis*, che consisteva in un'anticipazione della cena a base di cibi appetitosi e stimolanti, ortaggi accompagnati da salse acri e piccanti per concludere poi con salsiccia, ostriche, ricci di mare e il piatto di rito, l'uovo servito sodo. Un rituale in genere accompagnato da qualche sorso di *mulso* un mosto cotto conciato con miele ed erbe oppure dal *conditium paradoxum* ottenuto con vino, datteri e altre spezie, tutti vini aromatizzati e tutti descritti nel *De Cocquinaria*, una raccolta di ricette di cucina romana, compilata nel I secolo da Marco Gavio Apicio, il più grande cultore di gastronomia dell'antichità.

The most substantial meal came after the *gustatio* or, as Cicero called it, the promulsis, which consisted of a foretaste of the dinner based on appetizing, stimulating foods, vegetables accompanied by acrid, spicy sauces and concluded with sausages, oysters, sea urchins and the ritual dish, hard-boiled eggs. The ritual was usually accompanied by a few sips of *mulso*, a cooked must seasoned with honey and herbs or by the *conditium paradoxum* obtained from wine, dates and other spices, all aromatized wines described in the *De Cocquinaria*, a collection of Roman cuisine recipes compiled in the 1st century by Marco Gavio Apicius, the greatest gastronomic expert in antiquity.

I VINI ALL'ASSENZIO

Ancor prima di Apicio diversi autori di cultura latina e greca riportano ricette impiegate per la preparazione di vini aromatizzati dalla tradizione più che millenaria.

Si trattava in genere di vini considerati medicinali, erano ottenuti con diverse parti di piante aromatiche e con spezie messe in infusione nel vino a caldo o a freddo[1] e nel mondo antico l'assenzio era una tra le molte piante spesso utilizzate a scopo medicamentoso.

Il primo a parlare di assenzio fu colui che oggi è considerato il padre della medicina; Ippocrate metteva a macerare nel vino fiori di assenzio con del dittamo dando vita ai cosiddetti vini all'assenzio prodotti con scopi esclusivamente curativi da non considerarsi aperitivi e voluttuari. I vini all'assenzio servivano a favorire la digestione, erano vermifughi e fungevano da antidolorifico.

Con il crollo dell'Impero Romano, le complesse ricette di vinificazione trasmesse dagli autorevoli latini vennero in parte dimenticate. Solo tra l'XI e il XII secolo le ricette di vini all'assenzio comparvero nuovamente nei libri medievali per essere poi citati nei codici farmaceutici di tutta Europa.

E quando nel mondo germanico si iniziarono a pubblicare libri di medicina in tedesco, si tradusse anche il termine "vino all'assenzio" con l'espressione *wermutwein*, dal sostantintivo *wermut*, assenzio in tedesco.

Il *wermut* mitteleuropeo era però diventato molto diverso dai vini medicinali latini. La sua preparazione infatti non prevedeva che si usassero vino e assenzio ma al loro fianco comparvero moltissime spezie differenti, si trattava di formulazioni più ricche che si diffusero in Piemonte e in Toscana, grazie ai contatti con la corte

1 G. Mainardi, P. Berta, *Il Grande Libro del Vermouth di Torino*, 2018, p. 33.

ABSINTH BASED WINES

Even before Apicius, several authors in Latin and Greek culture mentioned recipes used for preparing aromatized wines according to thousand-year-old traditions.

These wines were generally considered medicinal, obtained from various parts of aromatic plants and spices infused in hot or cold wine[1] and, in the ancient world, absinthe was one of the many plants often used for medicinal purposes.

The first to mention absinthe was the person who is now considered the father of medicine; Hippocrates put absinthe flowers to macerate in wine with dittany, resulting in so-called absinthe wines produced with exclusively curative purposes, not to be considered aperitifs or luxuries. Absinthe wines served to help digestion, were vermifuge and acted as pain relievers.

Following the collapse of the Roman Empire, the complex winemaking recipes transmitted by the authoritative Latins were partly forgotten. Only around the 11th and 12th centuries did the recipes for absinthe wines appear again in medieval books and were subsequently cited in pharmaceutical volumes throughout Europe.

Then, when medical books began to be published in German in the Germanic world, the term "absinthe wine" was translated using the expression *wermutwein*, from the noun *wermut*, which meant absinthe in German.

However, the Central European *wermut* had become markedly different from the Latin medicinal wines. Indeed, its preparation didn't involve the use of wine and absinthe, but rather many different spices appeared alongside them in richer formulations that spread throughout Piedmont and Tuscany, thanks to ties with the Austrian court. At that point, the drink was written with different spellings: vermot or vermut in Piedmont and vermutte in Tuscany.

1 G. Mainardi, P. Berta, *Il Grande Libro del Vermouth di Torino*, 2018, p. 33.

austriaca. La bevanda fu indicata a quel punto con grafie differenti: vermot o vermut in Piemonte e vermutte in Toscana.

DAI VINI ALL'ASSENZIO AL VERMOUTH

Solo nel 1585 Castore Durante, un medico romano, nel suo *Herbario nuovo* fornì delle indicazioni dell'uso dell'assenzio con funzione "aperitiva", più vicina alla nostra cultura.

Per la prima volta l'assenzio ebbe uno scopo diverso dai precedenti, giovava a stuzzicare l'appetito.

Eppure fu solo tra fine Settecento e inizio Ottocento il periodo nel quale nacque il concetto di aperitivo nel suo significato più moderno, quando il consolidarsi dell'aperitivo come momento, come rito, andò di pari passo con l'affermarsi dell'aperitivo come bevanda. Una bevanda voluttuaria, che aveva sì funzioni corroboranti ma che non era più da intendersi come semplice cura.

Nel Settecento i liquoristi di Torino godevano di ampia celebrità e di un primato culturale in ambito liquoristico. E proprio a Torino si verificarono una serie di coincidenze che diedero vita alla magica e mistica alchimia contribuendo alla nascita del vermouth come oggi lo conosciamo, il padre di tutti gli aperitivi.

Nel 1739 venne fondata l'Università dei Confettieri e Liquoristi della Città di Torino, una confraternita di arti e mestieri che riuniva tutti i produttori dei nuovi liquori e che ne regolamentava e certificava la produzione, il Piemonte disponeva di moscato ed altri vitigni bianchi adatti all'aromatizzazione, vi era inoltre una maggiore disponibilità di spezie che arrivavano dalla vicina Genova e infine fu importante la figura di un liquorista, colui che fu il primo a "industrializzare" il processo produttivo del vermouth, Antonio Benedetto Carpano.

FROM ABSINTH BASED WINES TO VERMOUTH

In 1585, in his work *Herbario Nuovo*, a Roman physician called Castore Durante wrote about the use of absinthe as an "aperitif", closer to our culture.

For the first time, absinthe had a different purpose than in the past, being employed to whet the appetite.

Yet, it was only in the period between the late eighteenth and early nineteenth centuries that the concept of aperitif developed its modern meaning, when the consolidation of the aperitif as an occasion, as a ritual, went hand in hand with the aperitif becoming established as a drink. A luxury drink, which indeed had invigorating functions, but which should no longer be considered just a simple cure.

In the eighteenth century, the liqueur producers in Turin enjoyed widespread notoriety and cultural leadership in the liqueur industry. It was precisely in Turin that a series of coincidences took place that gave life to the magical and mystical alchemy, contributing to the birth of vermouth as we know it today, the father of all aperitifs.

In 1739, the University of Confectioners and Liqueur Producers in the City of Turin was founded, a brotherhood of arts and crafts which bandied together all the producers of the new liqueurs and which regulated and certified their production. Piedmont had Moscato and other white vines suited to aromatization, there was also a greater availability of spices that arrived from nearby Genoa and, lastly, the figure of one liqueur producer was of particular importance, the person who was the first to "industrialize" the production process of vermouth, Antonio Benedetto Carpano.

Era originario di Bioglio in provincia di Biella, un garzone della liquoreria Marendazzo di Torino che nel 1786 sotto i portici di piazza Castello trasformò quei vini medicamentosi all'assenzio in un prodotto voluttuario aggiungendo zucchero e alcol alle ricette sino allora diffuse e realizzando un prodotto dolce, alcolico e conservabile diverso da tutti i vermouth prodotti in precedenza.

Creò una bevanda innovativa che ben presto diventò il simbolo di Torino nel mondo: il "Vermouth di Torino", come si iniziò a chiamarlo.

La Liquoreria Marendazzo divenne il luogo più frequentato della Torino del tempo e il successo di questo prodotto non sfuggì anche a Re Vittorio Amedeo III che sostituì la produzione del rosolio a con quella del vermouth, tant'è che il vino aromatizzato torinese divenne il simbolo di Casa Savoia.

Il vero successo internazionale di questa bevanda profumata arrivò però a metà Ottocento aiutata dallo sviluppo ferroviario piemontese.

Dalle piccole botteghe si passò a una produzione industriale e intorno al vermouth si sviluppò una fiorente economia. Ogni produttore aveva la sua ricetta segreta e a nessuno era permesso copiarla; si assisterà inoltre a un incremento del numero dei produttori e di etichette destinate a divenire celebri come Carpano, Cinzano, Gancia, Martini & Rossi. Prodotto, imballato e spedito dapprima in Argentina, dove c'erano numerosi immigrati piemontesi per poi giungere anche negli Stati Uniti dove diviene la base per numerosi cocktail.

He was originally from Bioglio in the province of Biella, an apprentice at the Marendazzo liqueur shop in Turin who, in 1786, under the porticoes of Piazza Castello, transformed those medicated wines with absinthe into a luxury product by adding sugar and alcohol to the recipes that had been widespread up to then and creating a sweet, alcoholic and storable product that differed from all vermouths previously produced.

He created an innovative drink that soon became the symbol of Turin throughout the world: the "Vermouth di Torino", as it began to be called.

Liquoreria Marendazzo became the most popular place in Turin at the time and the success of this product did not escape the attention of even King Vittorio Amedeo III, who replaced the production of rosolio with that of vermouth, so much so that the Turinese aromatized wine became the symbol of the House of Savoy.

However, the true international success of this perfumed drink came in the mid-nineteenth century, helped by the development of the Piedmontese railway.

Production moved from small shops to an industrial scale and a flourishing economy developed around vermouth. Every producer had their own secret recipe and nobody was allowed to copy it; there was also an increase in the number of producers and brands destined to become famous such as Carpano, Cinzano, Gancia, Martini & Rossi. Produced, packaged and shipped first to Argentina, where there were numerous Piedmontese immigrants, and then also to the United States, where it became the basis for numerous cocktails.

L'ORA DEL VERMOUTH

Nella Torino di fino Ottocento il vermouth divenne il protagonista di un vero rito collettivo: l'ora del vermouth, l'evoluzione della tradizione contadina della merenda sinoira, che deriva da "sina" ovvero cena in piemontese, in pratica una merenda abbondante, quasi una cena con formaggio, salame, magari una frittata, un po' di frutta di stagione e un bicchiere di vino.
Edmondo De Amicis scriveva nel suo nel libro *Torino 1880:*

> "E come Parigi ha l'ora dell'assenzio, Torino ha l'ora del Vermouth, l'ora in cui la sua faccia si colora e il suo sangue circola più rapido e più caldo. Allora le scuole riversano per strada nuvoli di ragazzi, dagli opifici escono turbe di operai, i tranvai passano stipati di gente, gli equipaggi si inseguono, le botteghe dei liquoristi s'affollano".

Era durante l'ora del vermouth, al calar della sera, che i torinesi si ritrovavano negli eleganti caffè della città e sorseggiando quel dolce vino aromatico si raccontavano la giornata, magari chiudevano gli ultimi affari, le signore si raccontavano gli ultimi pettegolezzi e per le signorine quel momento rappresentava una sorta di debutto in società.
Il vermouth era accompagnato dai "piat 'd rinforss", dei piattini di rinforzo costituiti da "ulive, acciughe insalate, peperoni in aceto, salsicciotto o prosciutto affettato, ed altre simili cose"[2]. Il vermouth era diventato così inseparabile dai riti sociali che si coniò il termine "vermouth d'onore" per indicare l'aperitivo a base di vermouth offerto in occasioni ufficiali, un'abitudine che rimase in gran voga fino agli anni '60 del Novecento.

2 G. Mainardi, P. Berta, *Il Grande Libro del Vermouth di Torino,* EDT, Torino 2018, p. 91.

VERMOUTH OUR

In Turin, up until the 19th century, vermouth became the protagonist of a veritable collective ritual: vermouth hour, the evolution of the peasant tradition of the sinoira snack, which derives from "sina" meaning dinner in Piedmontese, basically a hearty snack, almost a dinner with cheese, salami, perhaps even an omelet, some seasonal fruit and a glass of wine.
Edmondo De Amicis wrote in his book *Torino 1880:*

> "Just as Paris has an absinthe hour, Turin has a Vermouth hour, an hour in which its face takes on color and the blood circulates more rapidly and hotter. When the schools pour clouds of children out into the streets, swirls of workers leave the factories, trams crammed with people pass by, crews chase each other and liquor shops become crowded".

It was during vermouth hour, at evening time, that the people of Turin gathered in the city's elegant cafes and, sipping that sweet aromatic wine, told each other about their day, maybe finished up the last bit of business, ladies shared the latest gossip and, for young ladies, that moment represented a kind of debut in society.
The vermouth was accompanied by "piat 'd rinforss", extra saucers with "olives, salted anchovies, peppers in vinegar, sliced sausage or ham and other similar things"[2]. Vermouth had become so inseparable from social rituals that the term "vermouth d'onore" was coined to indicate the vermouth-based aperitif offered on official occasions, a custom that remained in vogue until the 1960s.

2 G. Mainardi, P. Berta, *Il Grande Libro del Vermouth di Torino,* EDT, Torino 2018, p. 91.

L'APERITIVO DA TORINO A MILANO

Dopo Torino l'usanza dell'aperitivo si estese in maniera rapida in tutte le più grandi città italiane, per prima Milano, una città da potersi considerare coprotagonista di questa storia italiana che nei primi anni dell'Ottocento mise a punto una bevanda capace di concorrere con il vermouth piemontese: l'Amaro Ramazzotti. Ausano Ramazzotti nacque nel 1791 a Bologna e conseguita la patente di farmacista, si trasferì a Milano dove aprì laboratorio e bottega di liquori e sciroppi nel 1815. Puntò a creare una bevanda aromatizzata, pensata per essere gustata in qualsiasi momento della giornata che non avesse come base il vino, e che fosse quindi differente dal vermouth. Nel 1848, una volta trovato il luogo perfetto, a pochi passi dal Duomo, Ausano Ramazzotti aprì un bar dove servire il suo amaro da bere a tutte le ore, con il caffè, come aperitivo o come digestivo.

Divenne presto l'amaro preferito di Milano e addirittura dopo oltre un secolo dalla sua creazione, negli anni '80 del secolo scorso, simboleggiò un'epoca precisa di quella città, vivace e in continua evoluzione, in cui si stavano plasmando nuovi stili di vita: il simbolo della Milano *da bere.*

"Milano da bere" era il payoff di una pubblicità apparsa nel 1985 per le vie della città. La campagna era proprio quella dell'amaro Ramazzotti, e la fortunata locuzione venne usata anche nel linguaggio comune perché in poche parole riassumeva un intero momento storico.

> "Milano, la città dell'Amaro Ramazzotti, l'amaro di chi vive e lavora [...], che è nato qui e che ancora oggi porta dovunque questa Milano da vivere, da sognare, da godere. Questa Milano... da bere."

Milano capitale dell'economia, della moda, del design, e da quegli anni anche quella dell'aperitivo.

THE APERITIF FROM TURIN TO MILAN

After Turin, the custom of the aperitif spread rapidly to all the largest Italian cities, first of all to Milan, a city that can be considered a co-protagonist of this Italian story, which in the early nineteenth century developed a drink capable of competing with Piedmontese vermouth: Amaro Ramazzotti. Ausano Ramazzotti was born in 1791 in Bologna and, having obtained his pharmacist's license, he moved to Milan where he opened a laboratory and shop selling liqueur and syrups in 1815. His aim was to create an aromatized drink that could be enjoyed at any time of day and was not wine-based, therefore setting it apart from vermouth. In 1848, having found the perfect place, a few steps from the Duomo, Ausano Ramazzotti opened a bar where he could serve a bitter tonic that could be drunk at all hours, with coffee, as an aperitif or as a digestive.

It soon became Milan's favorite bitter tonic and even more than a century after its creation, in the 1980s, it symbolized a specific era of that city, lively and continuously evolving, in which new lifestyles were being shaped: the symbol of "Milano da bere", Milan for drinking.

"Milano da bere" was the payoff of an advertisement that appeared on the streets of the city in 1985. The campaign was for that very same Ramazzotti bitter tonic and the popular slogan was also used in common language because it summed up an entire historical moment in just a few words.

> **"Milan, the city of Amaro Ramazzotti, the bitter tonic of those who live and work [...], which was born here and which even nowadays promotes the living, dreaming and enjoying of this city of Milan. This Milan... for drinking."**

Nel 1862 anche il signor Gaspare Campari, era giunto a Milano. Nato a Cassolnovo, nella Lomellina nel 1828 e trasferitosi a Torino nel 1842 per studiare liquori e distillati, diventò apprendista in una liquoreria e l'esperienza acquisita gli permise di aprire il Caffè dell'Amicizia a Novara, continuando a sperimentare. Attraverso le sue sperimentazioni nacque la ricetta, tenuta ancora oggi segreta, dell'elisir rosso che oggi conosciamo, un amaro ingentilito con scorze d'arancia e aggiunta di zucchero, ottenuto dall'infusione di alcol, frutta, erbe e piante aromatiche, dal sapore dolce amaro, inizialmente chiamato Bitter all'uso di Hollandia poiché traeva ispirazione dalla cultura del bitter olandese e in genere del Nord Europa.

Il Bitter di Gaspare diventò presto popolare e venne rinominato il Bitter del Signor Campari. Va da sé che il passaggio a Bitter Campari fu breve. Il Signor Campari si trasferì poi a Milano e nel 1862 fondò il Caffè Campari, un luogo di incontro di artisti, intellettuali e personaggi di spicco di tutta Milano, dove il marchio Campari diventa sinonimo di aperitivo.

Solo nel periodo dopo la sua morte, nel 1932, venne lanciato sul mercato il Campari Soda, l'innovativo aperitivo monodose, primo pre-mix pronto all'uso che proponeva il bitter miscelato alla soda direttamente in bottiglia, già nelle giuste dosi e senza bisogno di aggiungere il seltz con l'uso del sifone. Un prodotto che non avrebbe avuto quel successo senza l'innovazione della bottiglia progettata da Depero, uno degli esponenti di spicco del movimento futurista, e commissionata alla vetreria Bordoni. La bottiglietta a forma di tronco di cono o a calice rovesciato in vetro smerigliato, con alla base due righe in rilievo con la scritta "Preparazione speciale Davide Campari & C., Milano" e nel campo centrale il nome Campari Soda. Tutte queste caratteristiche uniche, insieme alla singolare tonalità di rosso e

Milan the capital of finance, fashion, design and, from those years onwards, also that of the aperitif.

In 1862, Mr. Gaspare Campari had also arrived in Milan. Born in Cassolnovo, in Lomellina in 1828 and having moved to Turin in 1842 to study liqueurs and spirits, he became an apprentice in a liqueur store and the experience gained allowed him to open the Caffè dell'Amicizia in Novara, as he continued to experiment. Through his experiments came the recipe, still kept secret, of the red elixir that we know today, a bitter tonic softened by orange zest and added sugar, obtained from the infusion of alcohol, fruit, herbs and aromatic plants, with a bitter sweet taste, initially called Bitter like Hollandia, as it drew inspiration from the culture of bitter tonics from The Netherland and Northern Europe in general.

Gaspare's Bitter soon became popular and was renamed Signor Campari's Bitter. It goes without saying that the transition to Bitter Campari took no time at all. Mr. Campari then moved to Milan and in 1862 founded the Caffè Campari, a meeting place for artists, intellectuals and leading figures from all over Milan, where the Campari brand became synonymous with the aperitif.

Only in the period after his death, in 1932, was Campari Soda, the innovative single-serving aperitif, launched on the market. It was the first ready-to-use premix that offered the bitter tonic mixed with soda directly in the bottle, already consisting of the correct doses and without the need to add the seltzer with the use of a siphon. The product that wouldn't have registered the same success without the innovation represented by the bottle designed by Depero, one of the leading exponents of the Futurist movement, and commissioned from the

all'assenza di un'etichetta di carta, presente invece in tutti gli altri alcolici, resero il Campari Soda un prodotto capace di rompere le convenzioni che è stato capace di creare nuove strategie di marketing per incantare il pubblico.

IL DOPOGUERRA E LA CRISI DEL PADRE DEGLI APERITIVI

La fortuna del vermouth durò quasi due secoli fino a quando negli anni successivi alla Seconda Guerra Mondiale, quelli del boom economico, cambiarono i costumi e gli stili di vita delle persone.

Inizialmente si aprì la strada verso un ulteriore aumento della produttività ma dopo alcuni decenni di successi il meccanismo si inceppò. La cultura americana, sempre più presente nel costume italiano dopo la vittoria nel conflitto iniziò a diventare dominante anche negli stili di consumo di cibo e bevande, ci raccontava già Alberto Sordi nel film *Un americano a Roma.*

Negli anni '70 e '80 l'aperitivo iniziò ad abbracciare le fasce più giovani, quelle dei ragazzi della disco music e delle discoteche che però iniziarono a rinnegare i vermouth ma anche gli amari, considerandoli prodotti antiquati. Preferivano i cocktail di scuola americana ottenuti con distillati come gin e whisky, vodka aromatizzata e bevande sodate, oppure la birra che iniziò in quel periodo ad avere grande successo.

Dopo quei decenni in cui la popolazione si invaghì di questo nuovo stile di bevuta fece però ritorno la miscelazione storica e si riscoprirono i cocktail classici in cui i vermouth e i bitter tornavano a essere i protagonisti del bere miscelato, definendo così la rinascita di questi prodotti.

Bordoni glassworks. The small bottle was in the shape of a truncated cone or inverted goblet and made out of frosted glass, with two lines in relief at the base with the inscription "Preparazione speciale Davide Campari & C., Milano" and the name Campari Soda in the central area. All these peculiarities, combined with the drink's special shade of red and the absence of a paper label, which was typical on all the spirits on the market at the time, meant Campari Soda was a product capable of breaking with convention and inaugurating new strategies to seduce the public.

THE POST-WAR PERIOD AND THE CRISIS OF THE FATHER OF APERITIFS

Vermouth's fortune lasted almost two centuries until, in the economic boom years following the Second World War, people's customs and lifestyles changed.

Initially, the way was paved towards yet another increase in productivity, but after a few decades of success, the mechanism jammed. American culture, which increasingly played a part in Italian customs after victory in the conflict, began to also become dominant in the styles of food and drink consumption, as Alberto Sordi would mention in the film *Un americano a Roma.*

In the '70s and '80s, the aperitif began embracing younger groups, those who listened to disco music and went to discotheques, who, however, started to abandon vermouth, as well as bitter tonics, considering them old-fashioned. They preferred American cocktails made using gin and whisky, aromatized vodka and sodas or beer, which became very popular at that time.

However, after these decades in which the population fell in love with this new style

L'APERITIVO DAGLI ANNI '90 A OGGI

Happy hour, apericena, aperipasta, aperipizza ed è come se dagli anni '90 l'aperitivo, quello che finisce con "tivo", sia quasi scomparso.

Quest'ultimo, infatti, si adattò allo stile anglosassone dell'happy hour, la cosiddetta "ora felice", un'espressione inglese nata quando alcuni bar del Regno Unito, per cercare di promuoversi e attirare clienti decisero per una sola ora di offrire cocktail e bevande alcoliche a un prezzo scontato. "Happy hour" era anche l'espressione utilizzata dai Marines per indicare una sorta di ricreazione a bordo delle navi durante la quale i soldati avevano modo di sfogarsi con attività di svago.

Fu anche un termine utilizzato all'epoca del proibizionismo negli Stati Uniti, quando era proibito bere alcol durante i pasti. Per aggirare il divieto in alcuni ristoranti si vendeva illegalmente e si consumava alcol prima di cena.

Sempre negli anni '90 a Milano l'imprenditore Vinicio Valdo propose nel suo locale un nuovo concetto di aperitivo in cui vinceva l'accoppiata alcolici e buffet, si metteva a disposizione cibo in quantità imprecisate, gratis, a patto che i clienti bevessero qualcosa. Un aperitivo che si trasformava in cena, l'apericena. Nove lettere capaci in qualche modo di snaturare un rito centenario dal fascino intramontabile.

of drinking, traditional mixing made a comeback and there was a rediscovery of classic cocktails in which vermouth and bitter tonics once again became the protagonists of mixed drinking, thereby leading to a rebirth of these products.

THE APERITIF FROM THE '90S TO TODAY

Happy hour, apericena as a substitute for dinner, aperipasta, aperipizza and it's as though the aperitif, the one that ends in "tif", has almost disappeared since the '90s.

Indeed, the latter adapted to the Anglo-Saxon style of happy hour, an English expression invented when some bars in the United Kingdom, which were trying to promote themselves and attract customers, decided for just one hour to offer cocktails and alcoholic drinks at a discounted price. "Happy hour" was also the expression used by Marines to refer to a sort of recreation on board ships during which soldiers could let off steam with leisure activities.

It was also a term used during the Prohibition era in the United States, when it was forbidden to drink alcohol with meals. To get around the ban in some restaurants, alcohol was sold illegally and consumed before dinner.

Also in the '90s in Milan, entrepreneur Vinicio Valdo introduced a new concept of aperitifs at his restaurant, which saw the successful combination of alcohol and buffets, where food was made available in unspecified quantities, free-of-charge, provided that customers bought a drink. An aperitif that turned into dinner, the apericena. Nine letters that managed to distort a century-long ritual with a timeless charm.

GEOGRAFIA DELL'APERITIVO
I LOCALI STORICI

GEOGRAPHY OF THE APERITIF
HISTORIC PLACES

Storici spazi che sono monumenti al rito dell'aperitivo, frequentati da lumi e artisti, luoghi ricchi di cultura, arte e suggestioni, che affascinano con gli interni d'epoca e le mille storie che si nascondono dietro ogni seduta.

Ecco alcuni di quelli che hanno contribuito a creare i grandi capolavori dell'enogastronomia italiana a tema aperitivo.

A Torino il Caffè Mulassano, un gioiello di specchi e boiserie concentrati in una trentina di metri quadrati, è rimasto intatto negli arredi e nell'*allure*, grazie ad un importante restauro fatto negli anni '70 dal nonno di uno dei due proprietari, Antonio Chessa. Il Caffè Mulassano nacque a metà dell'Ottocento dapprima come Distilleria Sacco, produttrice del famoso sciroppo di menta, in via Nizza 3; nel 1907 l'attività venne trasferita in piazza Castello 15, l'attuale sede

Historic spaces that are monuments to the ritual of the aperitif, frequented by luminaries and artists, places rich in culture, art and evocations, which charm with period interiors and the myriad stories hidden under each seat.

Here are some of the ones that have contributed to creating the great masterpieces of Italian food and wine related to aperitifs.

In Turin, the Caffè Mulassano, a jewel of mirrors and boiserie concentrated in about three hundred and thirty square feet, has remained intact in terms of furnishings and *allure*, thanks to major restoration work carried out in the '70s by the grandfather of one of the two owners, Antonio Chessa. Caffè Mulassano first opened in the mid-nineteenth century as the Distilleria Sacco, producer of the famous mint syrup, at via Nizza 3; in 1907, the business moved to Piazza Castello 15, the current location, and changed its name from Distilleria to Caffè Mulassano. In 1925, Caffè Mulassano was sold to Mr. and Mrs. Nebiolo, who had just returned from the United States, for the sum of 300,000 lire, around 150 dollars.

Inside the Caffè Mulassano there's an engraved plaque which reads:

"In 1926, Mrs. Angela Demichelis Nebiolo invented the tramezzino sandwich".

That's right: this small room measuring just three hundred and thirty square feet is where the product that, every day, millions of Italians have for their lunches was invented. To rejuvenate the place after returning from the United States, Mr. and Mrs. Nebiolo invented, first as an accompaniment to an aperitif and then as a quick lunch, this snack that a few years later Gabriele D'Annunzio would baptize the "tramezzino", or sandwich. Legend has it that the shape of the bread reminded him of the partitions, called "tramezze", on the ceiling of his house in

e cambiò il suo nome da Distilleria a Caffè Mulassano. Nel 1925 il Caffè Mulassano venne venduto ai coniugi Nebiolo, appena tornati dagli Stati Uniti, per la cifra di 300.000 lire.

All'interno del Caffè Mulassano è incisa una targa che recita:

> "Nel 1926, la signora Angela Demichelis
> Nebiolo, inventò il tramezzino".

È proprio così: in questo piccolo locale di appena trentuno metri quadri è stato inventato quel prodotto che, ogni giorno, milioni di italiani usano per i propri pranzi. I coniugi Nebiolo, di ritorno dagli Stati Uniti, per ringiovanire il locale, inventarono, dapprima in accompagnamento all'aperitivo poi come pranzo veloce, questo spuntino che Gabriele D'annunzio chiamò, alcuni anni dopo, "tramezzino", pare che la forma dei paninetti gli avesse evocato le tramezze del soffitto della sua casa di Pescara. Il tramezzino di Mulassano è tra gli spuntini più richiesti, ora come allora, dai torinesi. All'interno di una carta di oltre trenta gusti da assaggiare sono Il tramezzino con il tartufo e robiola, quello con la bagna cauda o quello peperoni e acciughe, da accompagnare rigorosamente con il Vermouth Mulassano nelle sue versioni bianco, rosso ed extra dry da sempre prodotto nella distilleria di Pietro Bordiga, senza interruzione fin dalla sua nascita.

In via Carlo Alberto sempre a Torino troviamo ancora oggi il Grand Hotel Sitea. Premi Nobel, scrittori di fama mondiale e artisti hanno contribuito a rendere il nome di questo grande albergo familiare famoso nel mondo. E proprio al bancone del suo bar il musicista Louis Armstrong ordinò un americano, quando soggiornò qui nel 1935 per due concerti in città, al teatro Chiarella. Ancora oggi l'American Bar è un luogo dove assaggiare ottimi cocktail.

Pescara. The Mulassano tramezzino is one of the most popular snacks, now as it was back then, by the Turinese. On a menu featuring over thirty flavors are a tramezzino with truffles and robiola, one with bagna cauda and one with peppers and anchovies, strictly accompanied by a Vermouth Mulassano, in its white, red and extra dry versions, that has been produced in Pietro Bordiga's distillery, without interruption, since its beginnings.

In via Carlo Alberto, also in Turin, still stands the Grand Hotel Sitea. Nobel prize winners, world-famous writers and artists have contributed to making the name of this large family-run hotel renowned throughout the world. It was at the very counter of its bar that musician Louis Armstrong ordered an Americano, when he stayed here in 1935 for two concerts in the city, at the Chiarella theater. To this day, the American Bar is a place where you can taste excellent cocktails.

From Piedmont, we now move on to Veneto, where good drinking is no longer art, but becomes akin to a faith. Harry's bar near St. Mark's Square bore witness to the twentieth century in Venice and the symbol of this renowned spot is without doubt the Bellini. Its importance was recognized by the Ministry of Cultural Heritage, which declared it a national monument in 2001. In Italy, no other public business has received such recognition.

Also in Venice is the Gran Caffè Lavena, founded in 1750 and known for having been frequented by musician Richard Wagner. Nowadays, it serves Lavena Point, which combines a Venetian product such as the Aperitivo Select with fresh strawberry puree and Prosecco to top it off.

A sort of enhanced Spritz, on the other hand, can be found at the Hotel Excelsior Venice Lido Resort. Called the Excelsior Spritz, St. Germain (an elderflower

Dal Piemonte ci spostiamo in Veneto, dove il buon bere non è più arte ma diventa vera e propria fede. L'Harry's Bar dietro piazza San Marco è stato testimone del XX secolo a Venezia e simbolo di questo rinomato locale è sicuramente il Bellini. La sua importanza è stata riconosciuta dal Ministero dei Beni Culturali che lo ha dichiarato monumento nazionale nel 2001. In Italia, nessun'altra attività pubblica ha ricevuto un simile riconoscimento.

Sempre a Venezia troviamo il Gran Caffè Lavena, nato nel 1750 e conosciuto perché frequentato dal musicista Richard Wagner. Qui oggi viene servito il Lavena Point, che unisce a un prodotto veneziano come l'Aperitivo Select, la purea di fragole fresche e Prosecco a colmare.

Una sorta di Spritz potenziato, è invece quello dell'Hotel Excelsior Venice Lido Resort, si tratta dell'Excelsior Spritz. Ai classici Aperol e Campari, entrambi presenti, viene aggiunto anche il St. Germain (un liquore ai fiori di sambuco), una fetta d'arancia come guarnizione e un twist di limone della Costiera Amalfitana.

Anche all'interno del bar dell'Hotel Londra Palace di Venezia – il LondraBar – l'Head Bartender Marino Lucchetti ha ideato il cocktail Re Giorgio, dedicato al padre, un mix tra gin, succo di guava, sour e ginger beer. Mentre a poche calli di distanza troviamo il celebre Caffè Florian, dal 1720 in piazza San Marco, che nella sua secolare tradizione ha sempre proposto in menu cocktail e caffè creati *ad hoc* dai suoi barman.

Attraversando il Veneto, non si può non citare la Grapperia Nardini di Bassano del Grappa, dove l'arte della distillazione incrocia quella della mixology con il popolare Mezzoemezzo, il liquore aperitivo dalle caratteristiche note di rabarbaro con sentori agrumati e ama-

liqueur), an orange slice and a twist of lemon from the Amalfi coast are added to the traditional Aperol and Campari.

Further, at the bar in the Hotel Londra Palace in Venice - the LondraBar - the Head Bartender Marino Lucchetti created the Re Giorgio cocktail, dedicated to his father, a mix of gin, guava juice, sour and ginger beer. Meanwhile, a few alleys away there's the famous Caffè Florian, located in St. Mark's Square since 1720, which in its centuries-old tradition has always offered cocktails and coffees created *ad hoc* by its bartenders in its menu.

Traveling through the Veneto region, mention must be made of the Grapperia Nardini in Bassano del Grappa, where the art of distillation intertwines with that of mixology in the popular Mezzoemezzo, an aperitif liqueur with characteristic notes of rhubarb and sour hints of citrus, it's the aperitif from Bassano produced by the oldest distillery in Italy.

If we move onto Lombardy and, more precisely, Milan, the Camparino In Galleria is something of an institution in the city.

It all began way back in 1867: the Galleria Vittorio Emanuele II had just been completed and Gaspare Campari - inventor of the bitter tonic that goes by the same name - opened the renowned Caffè Campari, on the corner of Duomo Square. On 14 November of the same year, Davide Campari came to light, son of Gaspare, who also entered into Milan's history as the first citizen born in the Galleria. In 1915, at the age of 48, Davide Campari opened the Camparino as a "younger brother" of Caffè Campari. Unlike the latter, Camparino was equipped with an innovative system which guaranteed a continuous flow of carbonated water directly from

ricanti, è l'aperitivo di Bassano prodotto dalla più antica distilleria d'Italia.

Se ci spostiamo sulla scena lombarda e in particolar modo su quella milanese, il Camparino in Galleria è una vera istituzione a Milano.

Tutto iniziò nel lontano 1867: la Galleria Vittorio Emanuele II era stata ultimata da poco e Gaspare Campari – inventore dell'omonimo bitter – aprì il famoso Caffè Campari, all'angolo con piazza Duomo. Il 14 novembre dello stesso anno nacque Davide Campari, figlio di Gaspare, entrato nella storia di Milano anche per essere stato il primo cittadino venuto alla luce in Galleria. Nel 1915, all'età di 48 anni, Davide Campari aprì il Camparino come "fratello minore" del Caffè Campari. A differenza di quest'ultimo, Camparino era dotato di un innovativo sistema che garantiva un flusso continuo di acqua gassata direttamente dalle cantine, offrendo così ai suoi numerosi clienti un Campari e soda sempre perfetto e refrigerato. Altri elementi di vanto del locale erano gli arredi liberty, che furono realizzati da famosi artisti e artigiani italiani, in linea con i canoni estetici arrivati in Europa con l'Art Nouveau: gli interni sono opera, tra gli altri, del celebre ebanista Eugenio Quarti, del mastro ferraio Alessandro Mazzucotelli e del pittore Angelo D'Andrea, che fu autore dell'iconico mosaico simbolo del Bar di Passo. Qui l'aperitivo si trasformò in rito, ma anche perché fu un luogo di ritrovo per intellettuali e celebrità che, tra un Campari e l'altro, si incontravano per discutere di politica e cultura. Arrigo Boito, Tommaso Marinetti e altri esponenti della Scapigliatura e del Futurismo milanese erano assidui frequentatori del locale, che di recente, nel 2021, si è aggiudicato il ventisettesimo posto nella classifica dei bar più ambita di sempre: The World's 50 Best Bars.

the cellars, thereby offering its many customers a perfect, chilled Campari and soda. Other elements it boasted were the liberty furnishings, which were made by famous Italian artists and craftsmen, in line with the aesthetic canons introduced to Europe by Art Nouveau: the interiors are the work, among others, of renowned cabinetmaker Eugenio Quarti, master blacksmith Alessandro Mazzucotelli and painter Angelo D'Andrea, who created the iconic mosaic that is the symbol of the Bar di Passo. Here, the aperitif transformed into a ritual, also because it became a meeting place for intellectuals and celebrities who, as they sipped Camparis, met to discuss politics and culture. Arrigo Boito, Tommaso Marinetti and other exponents of Scapigliatura and Milanese Futurism were frequent visitors to the establishment, which recently, in 2021, came twenty-seventh in the rankings for the most coveted bar ever: The World's 50 Best Bars.

Also in Milan, the Bar Basso in the Porta Vigentina area, one of the few places where you can still breathe the atmosphere of Old Milan, is considered the symbol of change in the city in the post-war era.

It all began in 1967, when Mirko Stocchetto took over the bar from Mr. Basso. Stocchetto had worked in Cortina, in Munich, at Harry's Bar in Venice, served Hemingway and the Agnellis, and appreciated the American approach to drinking. In Milan, it was in this very place that he introduced the ritual of the aperitif, promoting cocktails, which until then had not been very popular in the city. A historic neighborhood bar became one of the go-to places for mixing and codified recipes such as Manhattan, White Lady, Bloody Mary and Margarita, but above all the place where new recipes were invented. At Bar Basso there's a list of hundreds of drinks, and it's the place where the timeless Negroni Sbagliato was born.

Sempre a Milano il Bar Basso in zona porta Vigentina, uno dei pochi locali in cui ancora oggi si respira l'atmosfera della Vecchia Milano, è considerato l'emblema del cambiamento della città nel Dopoguerra.

Tutto comincia nel 1967 quando Mirko Stocchetto rileva il bar dal signor Basso. Stocchetto aveva lavorato a Cortina, a Monaco, all'Harry's Bar di Venezia, servito Hemingway e gli Agnelli, e apprezzato il modo di bere americano. A Milano proprio in questo luogo introduce il rito dell'aperitivo dando spazio ai cocktail, sino ad allora poco popolari in città. Uno storico bar di quartiere diventa uno dei punti di riferimento della miscelazione e delle ricette codificate come Manhattan, White Lady, Bloody Mary e Margarita ma soprattutto il posto dove si inventano nuove ricette. Al Bar Basso c'è una lista di centinaia di drink, ed è questo il luogo in cui è nato l'intramontabile Negroni Sbagliato.

Per un altro tuffo nel passato lombardo, è necessario menzionare il Grand Hotel Tremezzo di Tremezzina, sulla sponda occidentale del lago di Como. Nel suo T Bar offre una selezione di miscelati vintage tra cui quello creato nel 1939 in onore di Ernest Hemingway.

E chi pensa che i cocktail non siano cose da luoghi di montagna, può cambiare opinione entrando al Ristorante Onkel Taa a Parcines, in provincia di Bolzano, la patria dell'Hugo.

Se invece si è di passaggio da Firenze, non si può andar via senza aver ordinato un Negroni al Caffè Gilli: il più antico caffè di Firenze, salotto della città da oltre 270 anni. Nato da una famiglia svizzera in una Firenze ancora medicea, venne inaugurato come "Bottega dei pani dolci" a pochi passi dal Duomo. A metà dell'Ottocento si trasferì in via degli Speziali e infine nell'attuale piazza della Repubblica. Qui troverete il Bar Manager Luca Picchi, autore del libro *Negroni Cocktail: una leggenda italiana,* in cui esplora le origini del cocktail

For another trip into the past of Lombardy, all we need to do is mention the Grand Hotel Tremezzo in Tremezzina, on the western shore of Lake Como. There, T Bar offers a selection of vintage blends including one created in 1939 in honor of Ernest Hemingway.

Anyone who thinks that cocktails are not something suited to mountain locations can change their mind by entering the Onkel Taa restaurant in Parcines, in the province of Bolzano, the homeland of Hugo.

If, on the other hand, you are passing through Florence, you cannot leave without having ordered a Negroni at Caffè Gilli: the oldest café in Florence, which has been the city's parlor for over 270 years. Born into a Swiss family in a Florence that was still under the Medici, it was inaugurated as the "Bottega dei pani dolci" just a stone's throw from the Duomo. In the mid-nineteenth century, it moved to via degli Speziali and, finally, to the current piazza della Repubblica. Here, you will find the Bar Manager Luca Picchi, author of the book *Negroni Cocktail: an Italian legend,* in which he explores the origins of the most famous Italian cocktail in the world. He is also the creator of a number of variations of the traditional cocktail, such as the Negroni Centenario, served with soda on the side and a bitter tonic flavored jelly, the Neg-Mex, a Negroni with Mezcal and roasted marshmallow and the Unusual Negroni, with roasted coffee beans and quinine cordial.

The journey finally ends in Rome, where Checchino dal 1887, one of the historic establishments in the capital, opened a cocktail bar called Ch 18 87 where you can try the Bloody Vaccinara cocktail (a Bloody Mary with filtered oxtail gravy instead of tomato juice).

italiano più famoso nel mondo. È inoltre ideatore di alcune varianti, del cocktail tradizionale, come il Negroni Centenario, servito con soda a parte e una gelatina al bitter, il Neg-Mex, un Negroni con Mezcal e marshmallow arrostito e il Negroni Insolito, con chicchi di caffè tostato e china.

Il viaggio si conclude infine a Roma, dove Checchino dal 1887, uno dei locali storici della Capitale, ha aperto Ch 18 87 un cocktail bar dove si può gustare il cocktail Bloody Vaccinara (un Bloody Mary con sugo filtrato di coda alla vaccinara al posto del succo di pomodoro).

Jerry Thomas, il leggendario barman newyorkese, a metà dell'Ottocento scrisse *Il manuale del vero gaudente,* ovvero il grande libro dei drink, e non c'è barman al mondo che non abbia guardato a questo libro come alla "bibbia" della miscelazione. Lì scriveva "Un cocktail eccellente lo si cava solo da materiali eccellenti" e in Italia le eccellenze non si può dire che manchino. Basti pensare soltanto a questi locali che raccontano la storia dell'arte della miscelazione e il rito dell'aperitivo, un momento che in qualche modo è capace di accomunare tutti, in quell'approccio all'ospitalità che ci ha reso famosi nel mondo e di cui oggi è importante salvaguardare e tenerne sempre vivo il ricordo.

In the mid-nineteenth century, the legendary New York barman Jerry Thomas wrote *The Bartender's Guide,* also known as the great book of drinks, and there is no bartender in the world who has not looked upon this book as the "bible" of mixing. In it, he wrote "An excellent cocktail can only be obtained from excellent materials" and, in Italy, excellence cannot be said to be lacking. Just cast your mind back to these establishments, which recount the history of the art of mixing and the ritual of the aperitif, a moment that is somehow capable of bringing everyone together, an approach to hospitality that has made us famous throughout the world and, now more than ever, needs to be safeguarded and remembered.

COME SI DEGUSTA IL VERMOUTH

HOW TO TASTE VERMOUTH

Solo ciò che ha carattere resta vivo e torna quando le mode passano. Questo è quello che sta accadendo al vermouth oggi. Una volta era la bevanda immancabile nei mobili bar e nelle vetrinette dei salotti delle zie, un cordiale benvenuto offerto dalle padrone di casa e adatto a ogni occasione. Colette Rosselli, nota al grande pubblico con lo pseudonimo di Donna Letizia, regina indiscussa del bon ton, scriveva nel suo libro *Il Saper Vivere di Donna Letizia* che ne andava sempre tenuta in casa una bottiglia. Con l'arrivo degli anni '70 e la diffusione delle prime mode d'Oltreoceano, nuovi prodotti di scuola americana lo sostituirono e il nostro vino aromatizzato divenne la Cenerentola dei mobili bar, rinnegato e considerato un retaggio di un'epoca ormai passata. Oggi, invece, grazie al successo dei più recenti prodotti artigianali e al loro uso in mixology, il Vermouth si è fatto nuovamente largo nel mondo del vino e degli spirits, dall'aperitivo, alla cena e all'after dinner.

Only things with character stay alive and return when trends pass. That is what's happening to vermouth today. It was once the stalwart drink in the bar cabinets and display cases of aunts' sitting rooms, a cordial welcome offered by the ladies of the house and suited to any occasion. Colette Rosselli, known to the general public under the pseudonym of Donna Letizia, the undisputed queen of bon ton, wrote in her book *Il Saper Vivere di Donna Letizia* that a bottle of vermouth should always be kept in the home. With the arrival of the '70s and the spread of the first overseas fashions, new products from America replaced it and our aromatized wine became the Cinderella of bar cabinets, disavowed and considered a legacy of a bygone era. Today, however, thanks to the success of recent artisanal products and their use in mixology, Vermouth has once again made its way into the world of wine and spirits, from aperitifs to dinners and after dinners.

LE DIFFERENZE: VERMOUTH DI TORINO IG E VERMOUTH SENZA INDICAZIONE D'ORIGINE

Per la legge italiana può essere definito vermouth un prodotto composto almeno per il 75% da vino, bianco, rosato o rosso che deve avere struttura e acidità per sorreggere gli aromi e bilanciare lo zucchero. Una volta selezionata la base alcolica, vengono aggiunti gli estratti di erbe aromatiche e di spezie, fiori, semi, radici e cortecce, tra le quali le protagoniste sono le piante che appartengono al genere artemisia e in particolare le specie *Artemisia absinthium* e *Artemisia pontica,* ovvero l'assenzio, precedentemente messe in infusione in una soluzione idroalcolica questi vengono poi miscelati con lo zucchero e il vino e lasciati a maturare in vasche di affinamento, per poi passare all'imbottigliamento. La base è composta da vino bianco, rosato.

La dolcificazione può essere data da zucchero, mosto d'uva, zucchero caramellato o miele e il colore ambrato si ottiene, esclusivamente grazie all'aggiunta del caramello.

Dopo un iter durato circa vent'anni nel 2019 nasce anche il consorzio del Vermouth di Torino, per volontà dei produttori di vermouth che, consapevoli della necessità di una regolamentazione, hanno definito insieme un disciplinare di produzione.

Nel 2017 il Ministero delle politiche agricole, alimentari e forestali riconosce il Disciplinare di produzione "Vermut di Torino" / "Vermouth di Torino" che prevede la protezione della indicazione geografica e definisce i requisiti produttivi e commerciali dello storico aperitivo torinese, dettagliandone il grado alcolico e la provenienza geografica degli ingredienti, distinguendolo così dagli altri vini aromatizzati. Sono attualmente 35 le aziende storiche che producono e distribuiscono in tutto il mondo il Vermouth di Torino.

THE DIFFERENCES: VERMOUTH DI TORINO IG AND VERMOUTH WITHOUT AN INDICATION OF ORIGIN

According to Italian law, a product consisting of at least 75% wine, white, rosé or red, with the structure and acidity to support the aromas and balance the sugar, can be called a vermouth. Once the alcoholic base has been chosen, extracts of aromatic herbs and spices, flowers, seeds, roots and barks are added, the protagonists of which are plants that belong to the artemisia genus and, in particular, the *Artemisia absinthium* and *Artemisia pontica species,* or absinthe, previously infused in a hydroalcoholic solution and then mixed with sugar and wine and left to mature in ageing tanks before being bottled. The base is composed of white, rosé wine.

Sweetening can occur by using sugar, grape must, caramelized sugar or honey and the amber color is obtained exclusively thanks to the addition of caramel.

After a process that lasted about twenty years, the Vermouth di Torino consortium was founded in 2019, thanks to the will of vermouth producers who, aware of the need for regulation, got together to define production specifications.

In 2017, the Ministry of Agricultural, Food and Forestry Policies recognized the "Vermut di Torino" / "Vermouth di Torino" production specifications which provides for the protection of the geographical indication and defines the production and commercial requirements for the historic Turin aperitif, detailing its alcohol content and the geographical origin of the ingredients, thereby distinguishing it from other aromatized wines.

There are currently 35 historic companies that produce and distribute Vermouth

Il Vermouth di Torino viene classificato in base al colore, bianco, ambrato, rosato o rosso e alla quantità di zucchero impiegata nella sua preparazione.

Può essere, quindi, extra secco o extra dry per prodotti che contengono meno di 30 grammi di zucchero per litro, secco o dry per Vermouth con meno di 50 grammi per litro, e dolce per quelli con un tenore di zuccheri pari o superiore ai 130 grammi per litro.

Il disciplinare che tutela il Vermouth di Torino prevede anche la tipologia Vermouth Superiore che si riferisce a prodotti con un titolo alcolometrico non inferiore a 17% vol., da realizzarsi con almeno il 50% di vini piemontesi e aromatizzati con erbe - diverse dall'assenzio - coltivate o raccolte in Piemonte.

Per i vermouth senza indicazione di origine il 75% del vino potrà provenire non solo dall'Italia ma anche dall'estero, il titolo alcolometrico dovrà essere minimo del 14,5% vol. massimo del 22% vol. e possono essere classificati come secco o dry vermouth con meno di 50 grammi di zucchero per litro, come dolce se hanno un tenore di zuccheri pari o superiore ai 130 grammi per litro e solitamente questa ultima dicitura viene omessa in etichetta dando per scontato che la maggioranza dei vermouth bianchi, ambrati, rosati e rossi ne contengano questa quantità.

di Torino all over the world. Vermouth di Torino is categorized according to color, white, amber, rosé or red and the quantity of sugar used in its preparation.

It can therefore be extra dry for products containing less than 30 grams of sugar per liter, dry for Vermouth with less than 50 grams per liter and sweet for those with a sugar content equal to or greater than 130 grams per liter.

The specifications that protect Vermouth di Torino also provide for Vermouth Superiore, which refers to products with an alcohol content of no less than 17% vol., made with at least 50% of Piedmontese wines and aromatized with herbs - other than absinthe - grown or harvested in Piedmont.

In vermouths without indication of origin, 75% of the wine may come not only from Italy, but also from abroad, the alcohol content must be at least 14.5% vol. up to a maximum of 22% vol. and can be categorized as dry vermouth with less than 50 grams of sugar per liter, as sweet if they have a sugar content equal to or greater than 130 grams per liter and, usually, this last wording is omitted on the label assuming that the majority of white, amber, rosé and red vermouths contain this quantity.

IL VERMOUTH E L'ANALISI SENSORIALE

Le bevande aromatizzate con base vino, come il vermouth, sono molto complesse dal punto di vista della composizione chimica e del profilo sensoriale.

Il disciplinare del Vermouth di Torino stabilisce infatti che all'atto dell'immissione al consumo il vermouth debba rispondere alle seguenti caratteristiche organolettiche:

- **colore:** bianco (da bianco a giallo paglierino fino a giallo ambrato) e rosso (in tutte le tipologie e le tonalità);
- **odore:** intenso e complesso, aromatico, balsamico, armonico talvolta floreale o speziato;
- **sapore:** morbido, equilibrato tra la componente amara (caratteristica aromatica dell'artemisia) e dolce, che varia a seconda delle diverse tipologie zuccherine.

Tutti questi elementi hanno spinto a cercare una base comune per la descrizione dei vermouth andando ad individuare dei descrittori per le diverse tipologie di vermouth, erbaceo, speziato, floreale/fruttato, vaniglia, moscato, agrumi. Oltre a intensità aromatica, corpo, dolce, amaro e persistenza amara.[3]

3 G. Mainardi e P. Berta, *Il Grande Libro del Vermouth di Torino*, 2018, p. 169

VERMOUTH AND SENSORY ANALYSIS

Wine-based aromatized drinks, such as vermouth, are very complex in terms of chemical composition and sensory profile. In fact, the Vermouth di Torino specifications establish that when distributed for consumption, vermouth must have the following organoleptic characteristics:

- **color**: white (from white to straw yellow to amber yellow) and red (all types and shades);
- **aroma:** intense and complex, aromatic, balsamic, harmonious, sometimes floral or spicy;
- **flavor:** soft, balanced with the bitter (aromatic characteristic of artemisia) and sweet components, which varies according to the different types of sugar.

All these elements prompted the search for a common basis for the description of vermouths by identifying descriptors for the different types of vermouth, herbaceous, spicy, floral/fruity, vanilla, moscato and citrus. In addition to aromatic intensity, body, sweet, bitter and bitter persistence[3].

3 G. Mainardi, P. Berta, *Il Grande Libro del Vermouth di Torino*, 2018, p. 169

IL SERVIZIO DEL VERMOUTH

Il vermouth un "vino non vino" che di per sé è anche un cocktail, raramente purtroppo si beve come lo si beveva un tempo ovvero servito fresco, liscio e guarnito con una scorza di limone, poiché oggi è più utilizzato in miscelazione. Ma c'è un altro modo attraverso il quale avvicinarsi a questo magico vino ed è quello di degustarlo replicando la tradizione del "vermuttino piemontese", in voga nella Torino della Belle Époque, ovvero servendolo con uno splash di seltz o soda e una scorza di limone. Il vermuttino è un approccio al vermouth in chiave fresca e dissetante, un vermouth che viene così semplicemente allungato e diluito.

Il vermouth può essere quindi proposto liscio oppure addizionato con acqua o con ghiaccio, e una scorza di arancia o limone. Un tempo il limone era l'agrume più utilizzato perché facilmente reperibile e coltivabile anche a latitudini nordiche sia all'aperto che nelle limonaie. Quella dell'arancia è un'aggiunta successiva.

E il bicchiere? Per ottenere una degustazione perfetta non è necessario guardare molto lontano: basterebbe rispolverare i servizi d'un tempo, in cui una posizione speciale era riservata ai piccoli bicchierini finemente ornati con eleganti disegni e fili dorati. Se non ce ne fossero a disposizione, l'alternativa è offerta da un tumbler basso in vetro cesellato o perché no un calice da vino universale in una porzione da 5-6 cl.

Per quanto riguarda la temperatura di servizio il vermouth va sempre servito fresco, ricordiamo che è un vino e proprio come per il servizio del vino più ci saranno complessità e struttura della bevanda e più aumenterà anche la temperatura di servizio.

Un vermouth dry, che è di origine francese, lo possiamo bere freddo, tanto che in passato su alcune etichette c'era addirittura scritto

SERVING VERMOUTH

Vermouth is a "wine that isn't wine" which is also a cocktail in itself and, unfortunately rarely, it's drunk as it was once, served fresh, smooth and garnished with lemon zest, since today it is more widely used for mixing. However, there's another way to use this magical wine and that's to taste it by replicating the tradition of the "Piedmontese vermuttino", which was all the rage in Turin during the Belle Époque, i.e. serving it with a splash of seltzer or soda and lemon zest. Vermuttino is a fresh and thirst-quenching way of drinking vermouth, a vermouth that is simply lengthened and diluted.

Vermouth can therefore be drunk smooth or with added water or ice and orange or lemon zest. Once upon a time, lemon was the most widely used citrus fruit because it was easily available and could be cultivated even at northern latitudes, both outdoors and in lemon houses. The orange is a later addition.

What about the glass? You don't need to look very far for perfect tasting: it would be sufficient to dust off the serving sets from the past, in which a special position was reserved for small glasses that were finely decorated with elegant designs and golden threads. If none are available, an alternative is a low tumbler in chiseled glass or perhaps even a universal 5-6 cl wine glass.

As far as serving temperature is concerned, vermouth should always be served chilled, given that it's a wine and just as when serving wine, the more complex and structured the drink, the more the serving temperature also increases.

Dry vermouth, which is of French origin, can be drunk cold, so much so that, in the past, some labels reported the words "to be served ice cold", therefore a prod-

"da servire ghiacciato", quindi un prodotto on the rocks, anche se il freddo eccessivo potrebbe nasconderne alcune peculiarità.

Il vermouth bianco lo potremo servire tra i 6 e gli 8 gradi. Era stato ideato per la prima volta nel 1915 da Carlo Gancia usando il moscato di Canelli come base per l'infusione delle erbe, il produttore ammorbidì le note amare e lanciò una nuova tendenza nel modo di bere un tipo di vermouth naturale, senza l'aggiunta di caramello, un vermouth pensato per essere più gradito ad un pubblico femminile, non amante del gusto amaricante.

Il vermouth rosso invece potremo servirlo dai 12 ai 16 gradi poiché stiamo parlando di un vino aromatizzato con più durezze e parti amare che verrebbero accentuate da temperature troppo fredde.

Il vino aromatizzato una volta aperto va conservato in frigorifero per evitare ossidazioni e perdita degli aromi; la bottiglia va inoltre terminata in tempi abbastanza brevi, in un periodo che può variare dai 30 giorni ai tre mesi a seconda della gradazione alcolica, cosicché il vermouth non perda tutta la sua fragranza.

Se conservato chiuso nella sua bottiglia, esattamente come accade per il vino, anche il vermouth subirà interessanti evoluzioni. L'invecchiamento è una pratica poco utilizzata in Italia, anche se alcuni produttori ne hanno fatto il loro cavallo di battaglia. Quindi sì, il vermouth può essere lasciato affinare in botti grandi o piccole e il periodo di affinamento varia a discrezione del produttore; può durare sei mesi o un anno, ma l'invecchiamento non verrà mai portato all'esasperazione, proprio per non perdere tutti quegli aromi primari che contraddistinguono questo vino aromatizzato.

Taluni utilizzano anche vecchie botti di rum e whisky che conferiscono al vermouth i profumi tipici di questi magnifici distillati.

uct on the rocks, even though excessive cold could lead to certain peculiarities remaining hidden.

White vermouth can be served between 6 and 8 degrees. It was conceived for the first time in 1915 by Carlo Gancia, using Moscato di Canelli as a base for the infusion of herbs. The producer softened the bitter notes and launched a new trend in the way in which a type of natural vermouth was consumed, without the addition of caramel, a vermouth designed to be more pleasing to a female clientele, which was not a lover of bitter tastes.

Red vermouth, on the other hand, can be served at 12 to 16 degrees, since we're talking about an aromatized wine with greater hardness and bitter elements that would be accentuated by temperatures that were too cold.

Once opened, the aromatised wine must be kept in the refrigerator to avoid oxidation and loss of aromas; the bottle must also be finished in a fairly short time, over a period that can vary from 30 days to three months depending on the alcohol content, so that the vermouth doesn't lose all its fragrance.

If kept closed in its bottle, just like wine, vermouth will also undergo interesting evolutions. Ageing is a little used practice in Italy, even if some producers have staked their reputations on it. So yes, vermouth can be left to age in large or small barrels and the ageing period varies at the discretion of the producer; it can last six months or a year, but ageing will never be taken to extremes, so as not to lose all the primary aromas that set this aromatized wine apart.

Some also use old rum and whiskey barrels, which give vermouth the typical aromas of these magnificent spirits.

LA GRANDE FAMIGLIA DEI COCKTAIL ITALIANI

THE GREAT FAMILY OF ITALIAN COCKTAILS

Un cocktail si può dire che sia un po' come una poesia scritta di getto che scompare dopo pochi istanti. Il 13 maggio 1806, sulle pagine del giornale "The Balance and Columbian Repository" appare per la prima volta la parola cocktail, in cui la bevanda è descritta come "a stimulating liquor, composed of spirits of any kind, sugar, water, and bitters" (una bevanda stimolante composta da superalcolici di vario tipo, zucchero, acqua e amari).

Secondo alcuni il nome cocktail deriverebbe dal consumo di miscele bevute al canto del gallo, mentre secondo altri il nome potrebbe derivare dalla forma del bicchiere di servizio, detto "coquette" per via della sua somiglianza con il guscio dell'uovo.[4]

Un cocktail è di solito composto da una base alcolica, come un distillato, a cui si aggiungono un coadiuvante che determina le caratteristiche del drink (aperitivo, digestivo, dissetante, dolce, acido, amaricante, fruttato, speziato) ed un correttore che, usato in pic-

4 G. Mainardi, P. Berta, *Il Grande Libro del Vermouth di Torino*, 2018, p. 272

A cocktail can be described as being a bit like an impromptu poem that disappears after a few moments. On May 13, 1806, on the pages of the newspaper "The Balance and Columbian Repository", the word cocktail appears for the first time, in which the drink is described as "a stimulating liquor, composed of spirits of any kind, sugar, water, and bitters" (una bevanda stimolante composta da superalcolici di vario tipo, zucchero, acqua e amari).

According to some, the name cocktail derives from the consumption of mixtures at dawn, when the cock crows, while according to others, the name might derive from the shape of the serving glass, called "coquette" due to its resemblance to an egg shell[4].

A cocktail is a mixture usually composed of an alcoholic base, such as a spirit, to which are added an adjuvant which determines the characteristics of the drink (aperitif, digestive, thirst-quenching, sweet, acidic, bitter, fruity, spicy) and a corrector which, used in drops or, in any event, in smaller quantities than the previous one, working on the principles of concordance or contrast, can give a drink the desired accent.

Cocktails were invented in the 19th century in America, where there were mostly rustic spirits, corn or rye whiskey and bitter tonics dosed using drops. The Americans could not choose between elegant and refined products such as vermouth, rosolio and ratafià, aromatized wines and welcome liqueurs served in small glasses, straight and without ice, beverages that formed part of the history of the Renaissance and were very popular at courts throughout Europe.

However, as was the case in the old continent, the USA also felt the need for a

4 G. Mainardi, P. Berta, *Il Grande Libro del Vermouth di Torino*, 2018, p. 272

cole quantità o in dosi inferiori rispetto al coadiuvante, possa dare l'accento desiderato al drink.

I cocktail nascono nell'Ottocento in terra americana dove c'erano perlopiù rustici distillati, whisky di mais o segale e bitter da dosare a gocce. Gli americani non potevano scegliere tra prodotti eleganti e raffinati come i vermouth, i rosoli e i ratafià, vini aromatizzati e liquori di benvenuto serviti in piccoli bicchierini, lisci e senza ghiaccio, bevande che fecero la storia del Rinascimento ed ebbero grande successo presso le corti di tutta Europa.

Anche negli USA si sentiva però il bisogno di avere a disposizione, come nel vecchio continente una miscela di benvenuto che fosse di facile beva con una bassa gradazione alcolica, e proprio per questo motivo nacque la miscelazione.

Si trattava di una miscelazione basica fatta di ingredienti facili da reperire e a basso costo: base di distillato, zucchero, limone e acqua gassata, mentre fu proprio l'avvento del vermouth a influenzare e rendere raffinate le ricette americane.

Il vermouth arrivò in America nel 1800, precisamente a New York, dove veniva servito in un bicchiere da vino con aggiunta di ghiaccio e scorza di limone, era il Vermouth cocktail.

Il vermouth si unì poi ai liquori amari, gin e whisky, dando origine agli american cocktail, mentre solo successivamente il vermouth si unì al bitter. I cocktail americani evolvettero grazie anche all'utilizzo del ghiaccio, che divenne una componente fondamentale dei drink, e anche per merito dell'uso della soda, altro elemento essenziale capace di rendere i drink ancor più godibili e beverini.

I cocktail, ormai diventati popolari in America, nel 1919, con l'avvio del proibizionismo arrestarono la loro pubblica ascesa.

welcome blend that was easy to drink and had low alcohol content, and for this very reason mixing was born.

It was a basic mix consisting of readily available, cheap ingredients: spirit base, sugar, lemon and carbonated water, while it was the advent of vermouth that influenced American recipes and refined them.

Vermouth arrived in America in 1800, in New York, where it was served in a wine glass with the addition of ice and lemon zest, turning it in the Vermouth cocktail.

Vermouth was then mixed with bitter liqueurs, gin and whiskey, giving rise to American cocktails, while vermouth was only later mixed with bitter tonics. American cocktails also evolved thanks to the use of ice, which became a fundamental component of drinks, and also thanks to the use of soda, another essential element capable of making drinks even more enjoyable and easy to consume.

The public rise of cocktails, which had become popular in America, stopped in 1919 with the start of prohibition.

However, they continued to live on thanks to speakeasies, clandestine alcoholic beverage establishments, which opened by the tens of thousands across the country. Secret bars without signs, usually hidden behind the most improbable entrances (pharmacies, drugstores and butchers). Any apparently normal place could hide a discreet passage towards a forbidden world, made up of cocktails and live music.

However, during that period, cocktails lost some important elements, such as vermouth, the import of which was prohibited.

In those years, the Anglo-Saxons were already familiar with the form of mixing practiced overseas, while in the rest of Europe, especially in Italy, the end of the war and American prohibition had marked the end of the consumption of liqueur

Continuarono però a vivere grazie agli *speakeasy*, veri e propri spacci clandestini di bevande alcoliche, che aprirono a decine di migliaia in tutto il Paese. Bar segreti privi di insegne, generalmente nascosti dietro agli ingressi più improbabili (farmacie, drogherie, macellerie). Qualunque posto apparentemente normale poteva celare un passaggio discreto verso un mondo proibito, fatto di cocktail e musica dal vivo.

I cocktail in quella fase persero però alcuni elementi importanti come per esempio il vermouth, la cui importazione venne vietata.

In quegli anni gli anglosassoni conoscevano già la miscelazione di oltreoceano, mentre nel resto d'Europa, soprattutto in Italia, la fine della guerra e il proibizionismo americano avevano segnato il termine del consumo liscio di prodotti liquoristici e del vermouth.

L'intervento americano nella Grande Guerra aveva cambiato le sorti del conflitto segnando però un primo ingresso della cultura degli Stati Uniti nel tessuto sociale italiano. Ci si interessò a questo popolo, alle sue abitudini, e allo stesso tempo il Proibizionismo produsse una migrazione di professionisti del settore beverage e consumatori verso l'Europa.[5] Barman disoccupati, in cerca di un lavoro che non fosse illegale, lasciarono l'America. Molti si trasferirono ai Caraibi, ma altri arrivarono anche in Italia portando con loro le ricette dei cocktail americani e influenzando lo stile del bere miscelato italiano, con l'introduzione di ghiaccio, soda e seltz nel Belpaese.

L'Italia è sì famosa per la sua gastronomia e gli incredibili vini, ma è anche la patria di alcuni cocktail diventati celebri in tutto il mondo. Ecco i grandi classici dell'aperitivo italiano in tema di miscelazione.

5 G. Mainardi, P. Berta, *Il Grande Libro del Vermouth di Torino*, 2018, p. 279

products and vermouth straight.

American involvement in the Great War had changed the fate of the conflict and marked the first foray of United States culture into the Italian social fabric. There was an interest in this people, in their habits, and at the same time Prohibition produced a migration of professionals in the beverage sector and consumers towards Europe.[5] Unemployed bartenders, looking for work that wasn't illegal, left America. Many moved to the Caribbean, but others also came to Italy bringing with them the recipes of American cocktails and influencing the style of Italian mixed drinking, with the introduction of ice, soda and seltzer in the "Belpaese".

Italy is indeed famous for its gastronomy and incredible wines, but it's also the home of certain cocktails that have become famous throughout the world. Below are the great classics of Italian mixing aperitifs.

5 G. Mainardi, P. Berta, *Il Grande Libro del Vermouth di Torino*, 2018, p. 279

MILANO TORINO

Il cocktail Milano Torino, anche conosciuto come MI-TO, è il connubio perfetto di due soli ingredienti: il bitter e il vermouth. Secondo alcuni nacque nella seconda metà del 1800, quando la scena della miscelazione italiana era dominata da vermouth e "bitter all'uso di Hollandia", che uniti davano vita a un drink servito senza ghiaccio e solo raffreddato. Il nome nasceva dall'utilizzo dei prodotti più rappresentativi delle due città, il milanese Bitter Campari e il Vermouth di Torino.

Secondo un'altra versione il drink potrebbe essere legato alla storica gara di ciclismo, la Torino-Milano, la cui prima edizione risale al 1876, quando venne creata una ricetta per unire questi due prodotti. Oppure potrebbe essere stato pensato per celebrare la nascita di uno dei primi tratti autostradali italiani nel 1932, la Torino-Milano, l'A4 che univa i due capoluoghi industriali.

Nel libro di Elvezio Grassi del 1936 *Mille Misture*, oltre che una ricetta di Milano Torino, è presente una declinazione tutta milanese, detta appunto MILANO-MILANO in cui "il Vermouth di Torino viene sostituito con il Rabarbaro Zucca, altro storico famoso liquore della tradizione meneghina".[6]

6 *Cocktails*, Saperebere, F. Piccinino, 2023

The Milano Torino cocktail, also known as MI-TO, is the perfect combination of only two ingredients: bitter tonic and vermouth. According to some, it was born in the second half of the 1800s, when the Italian mixing scene was dominated by vermouth and "bitter like Hollandia", which when combined produced a drink served without ice and only chilled. The name derived from the use of the most representative products of the two cities, the Milanese Bitter Campari and the Vermouth di Torino.

According to another version, the drink may have been linked to the historic cycling race, the Turin-Milan, whose first edition dates back to 1876, when a recipe was created to combine these two products. Alternatively, it could have been created to celebrate the birth of one of the first Italian motorway sections in 1932, the Turin-Milan, the A4 that connected the two industrial capitals.

In Elvezio Grassi's 1936 book *Mille Misture*, as well as a recipe for Milano Torino, there's an all-Milanese version, known as MILANO-MILANO in which "Vermouth di Torino is replaced by Rabarbaro Zucca, another historically famous liqueur from the Milanese tradition".[6]

6 *Cocktails*, Saperebere, F. Piccinino, 2023

AMERICANO

Un cocktail dei primi anni del Novecento, le cui origini sono da sempre largamente dibattute. Una delle versioni narra che risalga al modo di bere "all'americana" ovvero *on the rocks,* con aggiunta di ghiaccio. Vero è che nei primi anni del Novecento si diffusero le prime macchine per la produzione del ghiaccio, ma il servizio del drink *on the rocks* non era ancora così comune.

Elvezio Grassi, nel suo *Mille Misture* del 1936, proponeva infatti l'Americano senza ghiaccio. La ricetta prevedeva soltanto del seltz fresco come elemento refrigerante.[7]

Nella monografia dedicata al Vermouth di Torino e risalente al 1906, Arnaldo Strucchi scriveva del Vermouth al Bitter, una preparazione in bottiglia pronta da consumare, chiamata l'Americano, proposta da numerose aziende. L'origine del suo nome è quasi certamente legata al consumo di vermouth in America, arrivato nel 1800 e lì miscelato con liquori, amari, gin, whisky. L'unione di questi elementi dava vita ai Vermouth cocktail di grande successo in quegli anni negli Stati Uniti.

Il Vermouth creava matrimoni perfetti con i distillati, ma si unì anche a un nuovo compagno, il bitter. A una dose di vermouth venivano aggiunte delle gocce di *aromatic bitter* e la ricetta arrivò presto in Italia grazie ai molti emigrati che chiamarono questo Vermouth cocktail "Americano". Oltreoceano vi era anche l'usanza di aggiun-

7 *Cocktails,* Saperebere, F. Piccinino, 2023

A cocktail from the early twentieth century, whose origins have always been widely debated. One of the versions says that it dates back to the "American" style of drinking, namely on the rocks, with the addition of ice. I's true that the first ice-making machines became widespread in the early twentieth century, but serving drinks on the rocks still wasn't very common at the time.

Indeed, Elvezio Grassi, in his 1936 book entitled *Mille Misture,* referred to the Americano without ice. The recipe only called for fresh seltzer as the cooling element.[7]

In the monograph dedicated to Vermouth di Torino dating back to 1906, Arnaldo Strucchi wrote of Vermouth al Bitter, a ready-to-drink bottled preparation, called the Americano, produced by numerous companies. The origin of its name is almost certainly linked to the consumption of vermouth in America, which arrived in the 1800s and was mixed over there with liqueurs, bitter tonics, gin and whiskey. The union of these elements gave life to very successful Vermouth cocktails during those years in the United States.

Vermouth made perfect combinations with spirits, but also found a new companion, the bitter tonic. Drops of aromatic bitters were added to a dose of vermouth and the recipe soon arrived in Italy thanks to the many emigrants who called this Vermouth cocktail the "Americano". Overseas there was also the custom of adding soda to cocktails and the Americano did so, making the drink lighter and more easily drinkable, so that it became something of a must.

However, the most imaginative version of its origins is linked to Primo Carnera, the first Italian to win the title of World Heavyweight Champion, who was also nicknamed the "Americano". It's thought that some bartender created an *ad hoc* recipe in honor of his victory.

7 *Cocktails,* Saperebere, F. Piccinino, 2023

gere la soda ai cocktail e l'Americano prevedeva l'uso di essa, il drink risultava così più leggero e beverino e divenne un vero must.

La versione più fantasiosa sulle sue origini è invece legata a Primo Carnera, il primo italiano a conquistare il titolo di campione del mondo di pesi massimi, soprannominato anche "l'americano". Si ipotizza che qualche barman abbia creato una ricetta *ad hoc* in onore della sua vittoria.

GARIBALDI

Il drink dedicato all'eroe dei due mondi, il famoso generale che diede la spinta decisiva all'unificazione d'Italia del 1861. L'unione del Nord e del Sud Italia con l'utilizzo di soli due ingredienti, il milanese Campari e le arance rosse di Sicilia. La sua origine è incerta, ma è certo che, seppur nella sua semplicità, il Garibaldi rimane sempre un ottimo drink dissetante. La sua versione con arance gialle è detta Campari Orange.

The drink dedicated to the hero of the two worlds, the famous general who gave the decisive jolt towards the unification of Italy in 1861. The union of Northern and Southern Italy with the use of only two ingredients, the Milanese Campari and blood oranges from Sicily. Its origin is uncertain, but what is certain is that, despite its simplicity, the Garibaldi is always an excellent thirst-quenching drink. The version with normal oranges is called Campari Orange.

MARTINI COCKTAIL

Se in quelle ore viola che precedono la notte si ordina un Martini cocktail, ci si dimentica quasi del resto del mondo. Sorseggiare il re dei cocktail può essere un momento di alto appagamento in cui si rimane sedotti anche solo osservando il rituale della sua preparazione, quasi come a pregustarlo.

È il cocktail più conosciuto e richiesto al mondo, a base di gin e vermouth, espressione di cultura, un modo di vivere dietro al quale si celano leggende, convinzioni e ritualità. Il suo nome non è correlato al Martini inteso come azienda produttrice di vermouth, e uno degli errori più comuni è quello di pensare che sia un cocktail morbido e dolce.

Esistono molte ipotesi sulla sua creazione e sui suoi possibili padri; ma l'unica cosa che si può però affermare con certezza è che ognuno ha la propria visione del Martini, ma nessuno può avere l'ultima parola. Ed è come se non esistesse Martini cocktail se non quello sartoriale, fatto su misura per ognuno di noi, capace di toccare le corde emotive più profonde. Questo però non vuol dire che non ci siano delle guide che nell'infinito mondo del Martini possano fare da punti cardinali, con il loro stile e le loro versioni di questo mitologico drink.

Il signor Queirolo, un ligure di Arma di Taggia, nel 1910 a New York, presso il The Knickerbocker Hotel, modificò il cocktail Martinez e servì questo nuovo cocktail in onore di John D. Rockefeller, uno degli uomini più ricchi di quell'epoca. Diminuì la dose di vermouth, utilizzò

If you order a Martini cocktail in the purple hours before nightfall, you almost forget about the rest of the world. Sipping the king of cocktails can be a moment of deep satisfaction in which you're seduced even merely by observing the ritual of its preparation, almost as though you can taste it.

It's the best known and most ordered cocktail in the world, based on gin and vermouth, an expression of culture, a way of life made up of legends, beliefs and rituals. Its name isn't related to Martini in the sense of the vermouth manufacturing company and one of the most common mistakes is to think that it's a soft, sweet cocktail.

There are many hypotheses regarding its creation and its possible creators; however, the only thing that can be said with any certainty is that everyone has their own vision of the Martini, but no one can have the last word. It's as if there's no Martini cocktail except for the tailor-made one, made-to-measure for every one of us, capable of touching the profoundest emotional chords. However, that doesn't mean that there are no guides who, in the infinite world of the Martini, can't act as cardinal points, with their style and their versions of this mythological drink.

Mr. Queirolo, a Ligurian from Arma di Taggia, in 1910 in New York, at The Knickerbocker Hotel, modified the Martinez cocktail and served this new cocktail in honor of John D. Rockefeller, one of the richest men of that era. He decreased the dose of vermouth, used a French extra dry vermouth, the Noilly Prat, with notes of juniper, walnut, bitter orange zest and tamarind, and, lastly, added a twist of lemon zest and an olive as decoration. The cocktail was dedicated to his mother, whose surname was Martini.

un vermouth extra dry francese, il Noilly Prat, con note di ginepro, noce, buccia d'arancia amara e tamarindo, ed infine aggiunse un twist di scorza di limone e un'oliva come decorazione. Un cocktail dedicato alla madre che di cognome faceva appunto Martini.

Ernest Hemingway amava invece un'altra versione del Martini cocktail, il Montgomery. In un passo del romanzo *Di là dal fiume e tra gli alberi* parla del Martini 15:1, che prende il suo nome dal generale inglese Montgomery, il quale non voleva attaccare se le truppe non avevano una proporzione di quindici contro uno. In questa versione del Martini, anche se il gin è il padrone assoluto e non viene mai citato l'uso di un vermouth in particolare, potrebbe sorprendervi l'utilizzo del Vermouth di Torino Dry Cocchi limited edition, nato nella sua prima versione nel 2014 dalla collaborazione con l'American Bar del Savoy di Londra per la creazione di un prodotto unico. Dalla seconda edizione aggiornata nasce un vermouth italiano arricchito con agrumi, bergamotto ed erbe alpine del Piemonte.

Infine come non citare la versione del Martini di James Bond "Shaken, not stirred", il Vesper Martini. Inventato dallo scrittore Ian Fleming nel romanzo *Casino Royal* del 1953, prevedeva tre parti di gin, una parte di vodka e mezza parte di Kina Lillet oggi non più in produzione, da sostituire con il Lillet Blanc per rimanere fedeli all'originale, un vermouth dalle note intense di rosa gialla e ginestra, con lievi accenni vegetali di erbe aromatiche e sbuffi balsamici.

Il Martini è dunque un cocktail che non ha una versione definitiva, in cui le uniche certezze sono la temperatura di servizio e di conseguenza la giusta diluizione, la coppetta ghiacciata e ottimi ingredienti. Per Mauro Lotti, il barman mostro sacro del Martini:

"Non esiste il Martini perfetto, ma c'è un Martini per ognuno di noi. Basta solo scoprire quale sia".

Ernest Hemingway loved another version of the Martini cocktail, the Montgomery. In a passage from the novel *Across the river and into the trees,* he speaks of the Martini 15:1, which takes its name from the English general Montgomery, who never wanted to attack unless his troops had a ratio of fifteen to one. In this version of the Martini, even though the gin is the absolute boss and the use of a particular vermouth is never mentioned, you might be surprised by the use of Vermouth di Torino Dry Cocchi limited edition, the first version of which was produced in 2014 thanks to the collaboration of the American Bar in the Savoy in London for the creation of a unique product. From the second updated edition comes an Italian vermouth enriched with citrus fruits, bergamot and alpine herbs from Piedmont.

Lastly, mention of the version of James Bond's "Shaken, not stirred" Martini, the Vesper Martini, is unavoidable. Invented by writer Ian Fleming in his 1953 novel *Casino Royal,* it included three parts gin, one part vodka and half part Kina Lillet, which is no longer in production and has been replaced by Lillet Blanc, so that it remains faithful to the original, a vermouth with intense notes of yellow rose and broom, slight vegetal hints of aromatic herbs and balsamic traces.

Therefore, the Martini is a cocktail that doesn't have a definitive version, in which the only certainties are the serving temperature and consequently the right dilution, the iced cup and excellent ingredients. For Mauro Lotti, the legendary bartender of the Martini:

"There is no perfect Martini, but there is a Martini for each of us. You just have to find out which one it is."

BELLINI

A differenza di altri altrettanto famosi drink, la storia del Bellini ha una data di nascita certa: venne creato per la prima volta nel 1948 da Giuseppe Cipriani, in un luogo preciso, l'Harry's Bar di Venezia. Il barman miscelò per la prima volta il Prosecco con la polpa di pesca creando uno dei cocktail che diventerà l'emblema del buon bere mondiale.

Il Bellini non nacque da uno sbaglio, ma venne creato in occasione della mostra del pittore Giovanni Bellini a Venezia. Cipriani, colpito da un dipinto e in particolar modo dal colore della tonaca di un santo, intitolò all'artista un drink che ricreava quello stesso punto di rosa visto nel quadro.

Nei primi anni dopo la sua creazione, il Bellini rimase una preparazione stagionale e il marchio di fabbrica dell'Harry's Bar; era amato da Hemingway e Gianni Agnelli, ma quando Cipriani riuscì a creare una linea commerciale diretta tra Venezia e New York – dove era già stato aperto l'Harry's Bar statunitense, il cocktail entrò anche nel menu del locale americano, diventando un classico della miscelazione.

Il Prosecco si prestò così a essere miscelato con tanta altra frutta e negli anni vennero create numerose varianti convincenti. Il Tiziano, in cui viene utilizzato il succo di uva fragola, il Tintoretto che prevede l'uso del succo di melograno, il Rossini un mix di Prosecco e polpa di fragola, il Mimosa in cui si sostituisce la pesca con le arance, il Puccini, infine, che combina il vino o lo spumante con il succo di mandarino.

Unlike other equally famous drinks, the history of the Bellini has a certain date of birth: it was created for the first time in 1948 by Giuseppe Cipriani, in a precise location, Harry's Bar in Venice. The barman mixed Prosecco with peach pulp for the first time, creating a cocktail that would become one of the emblems of stylish drinking throughout the world.

The Bellini wasn't the result of a mistake, but was created on the occasion of an exhibition of the painter Giovanni Bellini in Venice. Struck by a painting and, in particular, by the color of a saint's tunic, Cipriani named the drink that recreated the same shade of pink seen in the painting after the artist. During the first years after its creation, the Bellini remained a seasonal concoction and the trademark of Harry's Bar; it was loved by Hemingway and Gianni Agnelli, but when Cipriani managed to create a direct sales line between Venice and New York – where the US Harry's Bar had already opened, the cocktail also became part the menu of the American establishment, becoming a mixing classic.

Prosecco then lent itself to being mixed with many other fruits and, over the years, numerous valid variations were created. The Tiziano, for which strawberry grape juice is used, the Tintoretto, which involves the use of pomegranate juice, the Rossini, a mix of Prosecco and strawberry pulp, the Mimosa, in which peaches are replaced by oranges, and lastly the Puccini, which combines wine or sparkling wine with mandarin juice.

Aperol Spritz

SPRITZ ICONA POPOLARE

SPRITZ POPULAR ICON

Colorato, fresco e non eccessivamente alcolico, il drink che più di ogni altro ha legato a sé l'immagine dell'aperitivo, lo Spritz. L'aperitivo nazionale più consumato, non troppo strutturato, facile da preparare, anche se a volte il suo il servizio lascia a desiderare per via dell'utilizzo di prodotti di scarsa qualità o di dosi eccessive di acqua frizzante. È diventato internazionale, tanto da essere inserito dal 2011 nell'edizione dei cocktail ufficiali dell'IBA (International Bartenders Association) codificato con la denominazione di "Spritz Veneziano", poi semplicemente come "Spritz" a cui poi, nel 2020, si sono aggiunte, a quella con l'Aperol, le varianti con Campari, Select e Cynar. Quali sono le sue origini? Un cocktail la cui nascita rimane discussa e a tratti confusa.

Si dice che durante il periodo della dominazione asburgica in Veneto nell'Ottocento, gli austro-ungarici iniziarono a conoscere i vini della regione, troppo alcolici per i loro palati abituati a vini freschi, leggeri

Colorful, fresh and not excessively alcoholic, the drink whose image is linked to aperitifs more than any other, the Spritz. The most consumed domestic aperitif, not too structured, easy to prepare, even if sometimes it is not perfectly served due to the use of poor-quality products or excessive doses of sparkling water. It has taken on an international dimension, so much so that since 2011 it has been included in the edition of the official cocktails of the IBA (International Bartenders Association), in which it was codified under the denomination "Spritz Veneziano", then simply "Spritz". In 2020, the version with Aperol was joined by variations using Campari, Select and Cynar. What are its origins? The origins of the cocktail remain controversial and at times confusing.

It's said that during the period of Habsburg domination in Veneto in the nineteenth century, the Austro-Hungarians began to familiarize with the wines of the region, too alcoholic for their palates, which were accustomed to fresh, light and slightly sparkling wines or to the low alcohol content of beer. They therefore began to "dilute", or even better "spray", the wines with carbonated water, often adding a slice of lemon, sometimes squeezed, to give the drink greater acidity. Indeed, the German verb "spritzen" means "to spray", hence the name of that blend of white wine and carbonated water, the first Austro-Hungarian "Spritz".

The cocktail as we know it today has more recent origins, but the moment in which the Austrian Spritz began to be "stained" with bitter tonic remains uncertain. In 1866, when the Austro-Hungarians retreated from Veneto during the third war of independence, bitter tonic was not available, nor did they have the current Prosecco; there was ice, but the origins of the Spritz, as we understand it today, dates back to almost a hundred years after the retreat of the Austro-Hungarians.

e lievemente frizzanti o alle basse gradazioni alcoliche della birra. Iniziarono quindi ad "allungare", o ancora meglio "spruzzare" i vini con acqua gassata, aggiungendo spesso anche una fetta di limone, a volte spremuta, per donare più acidità alla bevanda. Il verbo tedesco "spritzen" significa appunto "spruzzare", da qui il nome di quella miscela tra vino bianco e acqua gassata, il primo "Spritz" austro-ungarico.

Il cocktail come noi lo conosciamo oggi ha origini più recenti, ma rimane incerto il momento in cui si iniziò a "sporcare" lo Spritz austriaco con il bitter. Nel 1866, quando gli austro ungarici, durante la terza guerra d'indipendenza, si ritirarono dal Veneto, non avevano a disposizione il bitter, né tantomeno l'attuale Prosecco; esisteva il ghiaccio, ma l'origine dello Spritz, com lo intendiamo oggi, risale a quasi un centinaio di anni dopo la ritirata degli austro-ungarici.

L'APEROL SPRITZ

L'idea di "macchiare" la miscela con un po' di bitter secondo alcuni nasce a Padova, negli anni successivi alla fine della Prima Guerra Mondiale, secondo altri a Treviso, patria elettiva del Prosecco.[8] Certo è che l'Aperol bitter venne presentato per la prima volta alla fiera di Padova del 1919: lo produceva la ditta Fratelli Barbieri, registrata il 9 giugno 1915 alla Camera di commercio di Padova da Silvio e Luigi Barbieri. Nell'immediato primo Dopoguerra e negli anni a seguire Aperol divenne famoso in tutta Italia soprattutto tra i giovani che si riunivano nei caffè di Padova e nei tradizionali bacari veneziani, la ricetta del drink prevedeva l'utilizzo di vino bianco fermo dei Colli Euganei, seltz ed infine Aperol.

8 *Cocktails*, Saperebere, F. Piccinino, 2023

APEROL SPRITZ

According to some, the idea of "staining" the mixture with a little bitter tonic was born in Padua, in the years following the end of the First World War, while others attribute it to Treviso, the elective homeland of Prosecco. What is certain is that Aperol bitter was unveiled for the first time at the Padua fair in 1919: it was produced by the Fratelli Barbieri company, registered on June 9, 1915 at the Padua Chamber of Commerce by Silvio and Luigi Barbieri. In the immediate post-war period and in the following years, Aperol became renowned throughout Italy, especially among young people who gathered in the cafés of Padua and in the traditional Venetian bacari. The drink's recipe called for the use of still white wine from the Euganean Hills, seltzer and, lastly, Aperol.

A further evolution that led to the current Spritz occurred with the disappearance of seltzer and soda water "guns" in bars, replaced over the years by carbonated water with an undoubtedly milder effervescence. However, to keep the effervescence of the cocktail unchanged, it was decided to use a sparkling wine from the area: Prosecco.

In 1950, the Aperol recipe was modified, but has since remained unchanged: sweeter than Bitter Campari, which is more alcoholic and has a sour taste, Aperol is a bittersweet drink with low alcohol content and an inimitable bright orange color. Aperol became popular thanks to television commercials broadcast during Carosello on the newborn Italian television channel. Its success continued until the end of the 1990s, when Aperol became increasingly cosmopolitan and international, until in 2003 the company became part of the Campari group.

L'ulteriore evoluzione che portò all'attuale Spritz si ebbe con la scomparsa delle "pistole" da seltz e delle acque di soda nei bar, sostituite negli anni da acqua gasata dall'effervescenza sicuramente più lieve. Per mantenere però inalterata l'effervescenza del cocktail, si decise di utilizzare uno spumante della zona: il Prosecco.

Nel 1950 la ricetta dell'Aperol venne modificata, ma da allora è rimasta invariata: più dolce rispetto al Bitter Campari che risulta essere più alcolico e dal gusto amaricante, l'Aperol è una bevanda dolce amara con bassa gradazione alcolica e dall'inimitabile colore arancione brillante. L'Aperol diventò popolare grazie agli spot televisivi trasmessi durante Carosello nella neonata televisione italiana. Il successo continuò fino alla fine degli anni '90, quando Aperol assunse una dimensione sempre più cosmopolita e internazionale, finché nel 2003 l'azienda entrò a far parte del gruppo Campari.

L'acquisizione da parte del Gruppo Campari sicuramente contribuì alla sua notorietà, perché Aperol portò avanti una capillare campagna pubblicitaria per Aperol Spritz che lo portò ad avere un successo strepitoso non solo in Italia, ma in tutto il mondo. La ricetta? 9 cl di Prosecco Doc, 6 cl di Aperol, 3 cl di soda, una fetta d'arancia e ghiaccio.

E se a Padova avevano l'Aperol, a Venezia invece si usava il Select. Il tratto distintivo dello Spritz veneziano erano la sua preparazione con il Select e la guarnizione composta da una grossa oliva verde con nocciolo.

Select è l'acronimo di "Stabilimento Enologico Liquori E Cremore Tartaro" il primo luogo in cui venne prodotto, a San Donà di Piave, dove due fratelli, Vittorio e Mario Pilla decisero di fondare la distilleria "Fratelli Pilla & Co", e nel 1920 crearono un bitter che sarebbe diventato l'ingrediente imprescindibile dell'aperitivo alla veneziana.

The acquisition by the Campari Group undoubtedly contributed to its notoriety, because Aperol carried out a widespread advertising campaign for Aperol Spritz which led to a resounding success not just in Italy, but all over the world. The recipe? 9 cl of Prosecco Doc, 6 cl of Aperol, 3 cl of soda, a slice of orange and ice.

While they had Aperol in Padua, in Venice they used Select. The distinctive feature of the Venetian Spritz was its preparation using Select and the garnish consisting of a large green olive with the stone left in it.

Select is the acronym of "Stabilimento Enologico Liquori E Cremore Tartaro", the first place where it was produced, in San Donà di Piave, where two brothers, Vittorio and Mario Pilla decided to found the "Fratelli Pilla & Co" distillery and, in 1920, they created a bitter tonic that would become the essential ingredient of the Venetian aperitif.

The memoirs of a famous noblewoman of the time, Maria Damerini, stated that it was Gabriele D'Annunzio who coined the name Select. The poet was in Venice during the Festa del Redentore celebrations, when Select was served during the aperitif; the poet found the drink so good that he praised the selection of raw materials, coining the term "Select", a truncated form of the Latin "Selectus" which means selected, chosen, to underline how it was his favorite choice.

Thirty aromatic herbs are still used today to produce Select, including rhubarb roots and juniper berries, which characterize this bitter tonic with prevalently bitter and spicy notes, whose spritz variation can be made following this recipe: 5 cl of Select, 7.5 cl of Prosecco, 2.5 cl of Soda or Seltzer and a green olive.

Up until more than fifty years ago, saying aperitif in Venice also meant saying Ombre.

Nelle memorie di una famosa nobildonna dell'epoca, Maria Damerini, si narra che sia stato Gabriele D'Annunzio a coniare il nome Select. Il Vate si trovava a Venezia in occasione della Festa del Redentore, quando durante l'aperitivo fu servito del Select; il poeta trovò la bevanda così buona da elogiarne la selezione delle materie prime, coniando il termine "Select", forma tronca del latino "Selectus" che significa selezionato, scelto, per rimarcare come esso fosse la sua scelta preferita.

Per produrre Select ancora oggi vengono utilizzate trenta erbe aromatiche, tra cui le radici di rabarbaro e le bacche di ginepro, che caratterizzano questo bitter dalle prevalenti note amaricanti e speziate, la cui variante di spritz è da proporre seguendo questa ricetta: 5 cl di Select, 7,5 cl di Prosecco, 2,5 cl di Soda o Seltz e un'oliva verde.

Fino a oltre una cinquantina di anni fa, dire aperitivo a Venezia significava dire anche Ombre. Si entrava in un bacaro, si ordinava un'ombra, qualche "cicheto" e si facevano "quatro ciacoe". L'espressione bacaro, o bacareto non ha origine certe: c'è chi dice che faccia riferimento a Bacco, il dio del vino, o forse all'espressione a "far bàcara", che in veneto significa "fare festa", o chi dice che il nome fosse attribuito ai vignaioli e ai vinai che venivano in città con un barile di vino da vendere. Il bicchiere di vino, invece, si chiama ancora oggi "ombra" perché un tempo i venditori di vino seguivano l'ombra del campanile di San Marco per proteggere il loro banchetto dal sole. E poi c'erano e ci sono ancora oggi i cicheti, piccoli spuntini da gustare tra un'ombra e l'altra, la cui etimologia deriva da "ciccus", termine latino che significa "piccola quantità".

Lo Spritz è sicuramente un cocktail che ha subito molte influenze: a chi non è mai capitato di assaggiare lo Spritz con il Cynar al posto

You entered a bacaro, ordered an ombra, some "cicheto" and had "quatro ciacoe", a chat. The expression bacaro, or bacareto, has uncertain origins: some say that it refers to Bacchus, the god of wine, or perhaps to the expression "far bàcara", which in Venetian means "to party", while others say that the name was attributed to the winemakers and vintners who came to the city with a barrel of wine to sell. The glass of wine, on the other hand, is still called "ombra", meaning "shade", because once upon a time wine sellers followed the shade of the bell tower of San Marco to protect their stall from the sun. Then there were and still are today the cicheti, small snacks to be enjoyed between shades, whose etymology derives from "ciccus", a Latin term meaning "small quantity".

The Spritz is undoubtedly a cocktail that has been subjected many influences: who has never tasted the Spritz with Cynar instead of the more classic Aperol? In 1948, the Pezziol company in Padua, owned by the brothers Angelo, Amedeo and Mario Dalle Molle, formulated CaB1, which in 1949 took the name Cynar, in which vitamin B1 was eliminated both from the name and from the recipe[9] and in which, in addition to artichoke leaves, there was an infusion of eighteen other herbs, including gentian, cinchona, cardamom and cinnamon. An alternative version, without doubt characterized by more bitter notes, was the Spritz al Cynar "against the wear and tear of modern life", as one of the more famous advertisements on Italian television recited. Lastly, there was a version with the addition of Bitter Campari, as well as the white one, the Hugo cocktail.

9 F. Piccinino, *Amari e Bitter*, Graphot Editrice, Torino 2019, p. 110.

del più classico Aperol? Nel 1948 l'azienda Pezziol di Padova, di proprietà dei fratelli Angelo, Amedeo e Mario Dalle Molle, formulò il CaB1 che nel 1949 prese il nome di Cynar in cui venne eliminata la vitamina B1 sia dal nome sia dalla ricetta[9] e nel quale, oltre alle foglie di carciofo, vi era un infuso di altre diciotto erbe tra cui genziana, china, cardamomo e cannella. Una versione alternativa, sicuramente dalle note più amare, lo Spritz al Cynar "contro il logorio della vita moderna", come recitava una delle pubblicità più famose della televisione italiana.

Infine vi è la sua versione con l'aggiunta del Bitter Campari, ma anche quella in bianco, l'Hugo cocktail. Quest'ultima è una ricetta più recente nata nel 2005, creata dal barman Roland Gruber a Naturno, in Alto-Adige, che ha voluto proporre un'alternativa allo spritz veneziano miscelando liquore di sambuco, soda, Prosecco e foglie di menta, ottenendo un mix fresco e dissetante.

9 F. Piccinino, *Amari e Bitter*, Graphot Editrice, Torino 2019, p. 110.

The latter is a more recent recipe, from 2005, created by the bartender Roland Gruber in Naturno, in Alto-Adige, who wanted to offer an alternative to the Venetian spritz by mixing elderberry liqueur, soda, Prosecco and mint leaves, resulting in a fresh and thirst-quenching mix.

NEGRONI E LE SUE VARIANTI

NEGRONI AND ITS VARIATIONS

Nasce nel 1919 al bar Casoni di Firenze grazie al Conte Camillo Negroni, cliente abituale e grande amante del cocktail Americano, che, stanco del solito aperitivo, chiese al suo barman fidato, Fosco Scarselli, di dare una marcia in più al suo drink utilizzando gli stessi ingredienti, Vermouth e Bitter, ma togliendo l'acqua gassata e aggiungendo del gin, un prodotto che il Conte conosceva bene per i suoi frequenti soggiorni a Londra.

Un americano con il gin che in poco tempo venne ribattezzato come Negroni. Il barman Scarselli adottò un trucco tuttora utilizzato per distinguere l'Americano dal Negroni, ovvero mettere una fetta di arancio intera nel secondo e una mezza nel primo.

Di errori diventati successi mondiali ce ne sono tanti, solo uno però confessa già dal nome la svista e si tratta del Negroni Sbagliato.

È il 1967 quando Mirko Stocchetto rilevò il bar dal signor Basso in via Plinio, a Milano, uno storico bar di quartiere dove introdusse il rito dell'aperitivo e dove i cocktail sarebbero stati alla portata di tutti. Stocchetto all'inizio degli anni '70 alleggerì molti cocktail della sua carta e tra questi anche il classico Negroni, sostituendo il gin con il Prosecco. Prima di allora era difficile che le signore frequentassero un locale come il Bar Basso per ordinare cocktail, da qui l'intuizione

It was created in 1919 at the Casoni bar in Florence thanks to Count Camillo Negroni, a regular customer and lover of the Americano cocktail who, tired of the usual aperitif, asked his trusted bartender, Fosco Scarselli, to give his drink an edge by using same ingredients, Vermouth and Bitter tonic, but leaving out the carbonated water and adding gin, a product that the Count knew well from his frequent stays in London.

An Americano with gin that was soon renamed Negroni. The bartender Scarselli adopted a trick that's still used to this day to distinguish the Americano from the Negroni, putting a whole slice of orange in the latter and half a slice in the former.

Many errors have gone on to become worldwide successes, but only one confesses its oversight in its name and it's the Negroni Sbagliato.

It was 1967 when Mirko Stocchetto took over the bar from Mr. Basso in via Plinio, in Milan, a historic neighborhood bar where he introduced the ritual of the aperitif and where cocktails would be for everyone's pocket. In the early 1970s, Stocchetto lightened many cocktails on his menu, including the classic Negroni, replacing gin with Prosecco. Before then, it was difficult for ladies to frequent a place like Bar Basso to order cocktails, hence the intuition of creating lighter drinks that would also be appreciated by a female clientele.

Legend, on the other hand, has it that Mirko Stocchetto, while preparing a Negroni on an evening when the bar was full of people, instead of gin, by mistake, picked up a bottle of Prosecco. The Negroni Sbagliato was greatly appreciated by those who had ordered it. Another version of one of the most famous pre-dinner cocktails? The Negrosky, in which gin is replaced by vodka.

di creare drink più leggeri che venissero apprezzati anche da un pubblico femminile.

La leggenda invece narra che Mirko Stocchetto, mentre stava preparando un Negroni in una serata in cui il bar era colmo di gente, al posto del gin, per sbaglio, prese la bottiglia del Prosecco. E quel Negroni Sbagliato piacque moltissimo a chi l'aveva ordinato. Un'altra versione di uno dei cocktail pre-dinner più celebri? Il Negrosky, nel quale il gin viene sostituito dalla Vodka.

APERITIVI ANALCOLICI: LE BEVANDE ANALCOLICHE SIMBOLO DELL'APERITIVO

C'è anche un repertorio storico e assortito di bevande analcoliche che rendono alcol free il rituale dell'aperitivo. Nel 1961 nasce il Bitter Sanpellegrino, il primo aperitivo analcolico italiano. Ribattezzato Sanbittèr nel 1985, anno in cui venne lanciato il riuscitissimo claim pubblicitario "Sanbittèr c'est plus facile!", fu l'analcolico davvero capace di rivoluzionare le abitudini di consumo nel momento dell'aperitivo.

Il 14 luglio 1965 nacque invece l'"analcolico biondo che fa impazzire il mondo", il Crodino. In quella bottiglietta da dieci centilitri è racchiuso ancora oggi un capitolo di una storia industriale e di costume italiana che ha le radici a Crodo in valle Antigorio, in Alto Piemonte, vicino a Domodossola. Il Crodino nasce nell'azienda di Pietro Ginocchi, la Terme di Crodo SPA. L'aperitivo analcolico più conosciuto e la cui ricetta segreta è custodita gelosamente da oltre 50 anni, ha alla base l'acqua, un tempo quella della sorgente Liesel, infusi e distillati di erbe e radici, piante e parti di frutta selezionati e sapientemente miscelati. La sua formula venne studiata dall'enologo Maurizio Gozzellino e la bevanda venne imbottigliata per la prima volta mercoledì 28 Luglio 1965 in 53.855 pezzi. Nel 2004 il Cinzoda, invece, divenne il celebre Cinzanino, con solo il 3 % in vol. di alcol, dolce e agrumato un'altra alternativa analcolica emblema del saper vivere italiano.

NON-ALCOHOLIC APERITIFS: THE NON-ALCOHOLIC BEVERAGES THAT SYMBOLIZE THE APERITIF

There's also a historical and assorted repertoire of soft drinks that make the ritual of the aperitif alcohol free. In 1961, the Bitter Sanpellegrino was born, the first Italian non-alcoholic aperitif. Renamed Sanbittèr in 1985, the year in which the very successful advertising claim "Sanbittèr c'est plus facile!" was launched, the non-alcoholic drink truly managed to revolutionize drinking habits at aperitif hour.

Then, on July 14, 1965, the "analcolico biondo che fa impazzire il mondo", the "blond non-alcoholic drink that drives the world crazy", the Crodino, was born. To this day, that ten-centiliter bottle still contains a chapter of Italian customs and industrial history that's rooted in Crodo in the Antigorio valley, in Upper Piedmont, near Domodossola. The Crodino was born in Pietro Ginocchi's company, the Terme di Crodo SPA. The best-known non-alcoholic aperitif, whose secret recipe has been jealously guarded for over 50 years, is based on water, once that from the Liesel spring, infusions and spirits of selected and skillfully mixed herbs and roots, plants and parts of fruit. Its formula was studied by the oenologist Maurizio Gozzellino and 53,855 bottles of the drink were produced for the very first time on July 28, 1965, a Wednesday. Then, in 2004, Cinzoda became the famous Cinzanino, with an alcohol content of only 3%, sweet and citrusy, another non-alcoholic alternative that symbolized the Italian way of life.

ACCOGLIENZA E INNOVAZIONE

HOSPITALITY AND INNOVATION

Il mondo del Bartending e dei prodotti alcolici è in continua evoluzione, dinamico per natura, per assecondare e soddisfare le esigenze crescenti di un pubblico sempre più informato e desideroso di placare la propria sete liquida e di conoscenza. Questa ricerca continua da parte degli operatori del settore ha portato la miscelazione a spingersi oltre, con tecniche, attrezzature e abbinamenti sempre più arditi per stare al passo con la propria clientela. E quindi via di Rotavapor, infusioni col sifone, arie, spume, bolle di fumo che si schiudono al tocco espandendo il proprio profumo e *fat wash* di foie gras; stiamo assistendo a una crescita qualitativa che si avvicina sempre più alle eccellenze della gastronomia.

Sembra ancora più marcata la distinzione tra chi percorre questa tendenza come una vana gloriosa ricerca della spettacolarità a bancone e chi invece rimane ancorato alla tradizione, cristalliz-

The world of Bartending and alcoholic products is evolving continuously, dynamic by nature, to accommodate and satisfy the growing needs of an increasingly informed public eager to quench its thirst for fluids and knowledge. This continuous research by operators in the sector has led mixing to go beyond, with ever more daring techniques, equipment and combinations to keep up with its customers. Hence, the use of the Rotavapor, infusions with a siphon, airs, foams, bubbles of smoke that burst to the touch, expanding their perfume and foie gras fat washing; we're witnessing a qualitative growth that is drawing ever closer to the excellences in gastronomy.

The distinction between those who follow this trend as vain, glorious search for showmanship at the counter and those who, instead, remain anchored to tradition, crystallizing and personifying the notions learned over the years from longstanding illustrious mentors, seems to be increasingly clear.

It's worth examining these trends in order to weigh and draw the main aspects for a complete reading.

A bar is a dynamic place, albeit anchored to the culture and traditions of the surrounding environment. Its essence is to create interest and attract both young and old to facilitate interactions and encourage activity, polite chat, what in jargon is referred to as background noise, featuring music at the right volume, clinking glasses and full-throated laughter. It's the place where people meet and get to know each other, they shake hands or exchange thunderous high fives, they make acquaintances and what unites individuals, at least in the initial moments, is always the glass they hold in their hands: it leads to sincere topics of conversation, it creates factions and guarantees the ideal atmosphere in which to share ideas

zando e personificando le nozioni apprese negli anni da mentori illustri di vecchia data.

È opportuno esaminare queste tendenze al fine di pesare e trarne gli aspetti principali per una lettura completa.

Il bar è un luogo dinamico ma ancorato alla cultura e alle tradizioni dell'ambiente circostante; deve per sua essenza creare interesse e attirare giovani e meno giovani per facilitare interazioni e favorire il brusio, la chiacchera garbata, quello che in gergo è chiamato sottofondo, tra note musicali al giusto volume, bicchieri che tintinnano e risate profonde. È il luogo dove si conosce e si scopre, si stringono mani o fragorosi *high five,* si fanno conoscenze e ciò che accomunerà gli individui almeno nel primo momento sarà sempre il bicchiere che reggono in mano: questo porterà argomenti sinceri di conversazione, creerà fazioni e garantirà l'atmosfera ideale per lo scambio di idee e pareri sull'ultimo gin uscito in catalogo o sulla quantità di zucchero ideale in un Old Fashioned. E allora ben venga la ricerca, l'indagine da parte del bartender su quale gusto potrà attirare più persone con la sua storia ammaliante e seducente. La creatività è valutata positivamente ed è sinonimo di innovazione oltre che calamita per riempire il cassetto.

Al tempo stesso non ci si può esimere dal ricordare che il bar è fatto di persone, sia da una parte che dall'altra del bancone: tante personalità che condividono uno spazio, un gesto o una ritualità per svariate motivazioni. Il compito del bartender (ricordiamo, colui che cura il bancone a 360 gradi) deve essere prima di tutto quello di servire gli ospiti, nel suo significato più puro: rendere l'esperienza dell'avventore unica, non solo con la qualità di ciò che gli viene somministrato, ma anche e soprattutto con la qualità dell'accoglienza che gli si riserva una volta entrato. L'empatia, l'attenzione e la since-

and opinions on the latest gin in the catalog or on the ideal amount of sugar in an Old Fashioned. So, research is most welcome, the bartender's investigation into which flavor will attract the most people with its bewitching, seductive tale. Creativity is valued positively and is synonymous with innovation, as well as being a magnet to fill the coffers.

At the same time, it must be remembered that a bar is made up of people, on both sides of the counter: lots of personalities who share a space, a gesture or a ritual for whatever reason. The task of the bartender (remember, the person who manages every aspect of the counter) must, first and foremost, be to serve guests, in its purest meaning: to render the customer's experience unique, not only with the quality of the product served, but also and above all with the quality of the hospitality that is extended once the customer enters the establishment. The empathy, attentiveness and sincere friendliness of an experienced mixologist are unmatched and will always be more important than any momentary fad.

Being able to balance these two trends is essential to training a new generation of skilled, indispensable bartenders in the world of work. The eternal dilemma that grips the audacity of a young and aspiring bartender is to depart on a journey to gain the sort of experience that will accompany and condition their entire professional career or remain in their own environment, in comfortable and welcoming "friendly bars" in order to grow with them. I admire both paths, which foster the modern ambition of young people who aren't satisfied with taking slow, small steps, but aim high, for personal growth rather than easy money.

ra cordialità del barman di lunga data non hanno eguali e saranno sempre più importanti di qualsiasi moda momentanea.

Riuscire a bilanciare queste due tendenze è essenziale per formare una nuova generazione di bartender preparati e indispensabili nel mondo del lavoro. L'eterno dilemma che attanaglia l'audacia di un giovane e aspirante bartender è partire per riempire il bagaglio di esperienze che seguirà e condizionerà tutta la sua carriera professionale o restare nelle proprie terre, nei confortevoli e accoglienti "bar amici", per crescere con loro. In ambedue le strade ammiro l'ambizione moderna dei giovani che non si accontentano di fare passi lenti e vicini ma puntano in alto, alla crescita personale prima che ai facili guadagni.

Qualunque sia il percorso scelto, queste due tendenze dovranno compensarsi. Dal bar di paese così caro agli italiani e dal quale tutti proveniamo, al locale che vorremmo creare, moderno e all'avanguardia, la chiave sarà continuare a innovare, divertire e divertirsi ponendosi come obiettivo principale la cura dell'ospite e di tutte le sue esigenze.

Samuele Campanini
Jigger, Reggio Emilia

Whatever the path chosen, these two tendencies must compensate each other, from the village bar so dear to Italians and from which we all come, to the modern, avant-garde place we would like to create, the key is to continue innovating, entertaining and having fun, setting ourselves the main objective of taking care of the customer and all their needs. Samuele Campanini Jigger, Reggio Emilia

Bacio al Parmigiano, Primamacina frolla • Parmesan Cheese Kiss, Primamacina frolla

IL FANTASTICO MONDO DELLE FARINE MOLINO DENTI

THE FANTASTIC WORLD OF MOLINO DENTI FLOURS

"C'è un modo solo di fare le cose. Ed è farle bene".

Questa è una storia che parte da lontano, dal Dopoguerra e dalla ricostruzione, in un piccolo paese nelle campagne di Reggio Emilia, in quella che sarebbe diventata la culla dell'eccellenza agroalimentare e gastronomica italiana.

È la storia di un piccolo mulino artigianale e di una famiglia che coglie al volo un'opportunità: iniziare a macinare il grano per produrre farina e rifornire così i forni e la comunità locale. È la storia di una tradizione antica e profondamente legata nel nostro Paese, che ha attraversato indenne il tempo, i conflitti, le povertà, le illusioni del boom economico e le rinunce dell'austerity per arrivare fino a noi.

Oggi Molino Denti è una realtà industriale conosciuta in tutta Italia e all'estero, specializzata nella trasformazione del grano tenero per la produzione di farine, con due moderni mulini e una capacità di oltre settemila quintali al giorno.

"There's only one way to do things.
It's doing them well."

This is a story that starts long ago, from the post-war period and from the reconstruction, in a small town in the countryside of Reggio Emilia, in what would become the cradle of Italian food and wine excellence.

It's the story of a small artisan mill and of a family that seizes an opportunity: to start grinding wheat to produce flour and thereby supply the ovens and the local community. It's the story of an ancient tradition that's profoundly intertwined with our country, which has passed through time, conflicts, poverty, the illusions of the economic boom and the sacrifices dictated by austerity unscathed in order to reach us.

Today, Molino Denti is an industrial company known throughout Italy and abroad, specialized in the transformation of soft wheat for the production of flour, with two modern mills and a capacity of over seven thousand quintals per day.

Rosticceria siciliana, Infibra 0+250
Sicilian rotisserie, Infibra 0+250

DIVENTARE GRANDI, SENZA PERDERE DI VISTA I PROPRI VALORI

Nonostante gli investimenti in nuove tecnologie degli ultimi decenni, ad Albinea e Vicofertile si respira ancora lo stesso clima e si condividono gli stessi valori, tramandati per settant'anni fino alla quarta generazione.

Quella di Molino Denti è la storia di un'impresa familiare cresciuta fino a diventare industria, senza mai rinunciare alle sue radici e alla cosa più importante: realizzare prodotti buoni, scegliendo le materie prime migliori e lavorando con la stessa cura e le stesse attenzioni artigianali di tanti anni fa.

Ma mentre l'azienda rimane fedele a sé stessa, sono la società e il mercato a cambiare. Cambiano gli stili di vita, le abitudini di consumo, i gusti e le esigenze delle persone, mettendo Molino Denti davanti a un bivio: seguire la via percorsa da tutti - rinunciando alla ricerca appassionata della qualità per servire un pubblico sempre più grande - oppure trovare un modo per reinventarsi restando fedeli alle proprie origini?

Una volta, quando ancora a fare la farina erano i mugnai artigiani, il grano restava a essiccare al sole in grandi mucchi in mezzo all'aia. Qui, durante i giorni e le settimane, aveva il tempo di maturare e di asciugare, mantenendo vivi tutti i suoi profumi, e solo quando era pronto veniva macinato. Perché ogni cosa va fatta al momento giusto.

EXPANDING, WITHOUT LOSING SIGHT OF YOUR VALUES

Despite the investments in new technologies over the last decades, Albinea and Vicofertile still emanate the same atmosphere and share the same values, handed down for seventy years through to the fourth generation. Molino Denti is the story of a family business that has grown into an industry, without ever foregoing its roots and the most important thing: making good products, choosing the best raw materials and working with the same care and attention to craftsmanship as was the case many years ago. However, while the company remains true to itself, society and the market have continued to change. Lifestyles, consumption habits, tastes and people's needs change, placing Molino Denti at a crossroads: follow the path taken by everyone else – giving up the passionate search for quality to serve an ever-growing public – or find a way to reinvent itself while remaining faithful to its origins? In the past, when flour was still made by artisan millers, the grain was left to dry in the sun in large piles in the middle of the threshing floor. Here, as the days and weeks passed, it had time to ripen and dry, keeping all its fragrances alive, and only when it was ready was it ground. That's because everything has to be done at the right time.

Treccina, Infibra cereali&semi Nerissima
Breaded braid, Infibra cereali&semi Nerissima

E SE PER ANDARE AVANTI SERVISSE FARE UN PASSO INDIETRO?

Da qui l'idea: tostare il grano così da poter utilizzare anche le sue parti più nobili, di solito scartate perché instabili e non adatte ai processi industriali. Germe di grano e crusca sono il vero tesoro del chicco: insieme rappresentano meno di un quarto del totale, contribuendo però con un altissimo apporto di fibre, minerali, antiossidanti e vitamine di tipo D e di tipo E.

Utilizzare germe e parti cruscali nelle farine significa recuperare quel "momento giusto", insieme a tutta la ricchezza aromatica del grano, migliorando l'aroma, il gusto, il colore dei prodotti da forno e rendendoli anche più versatili e più nutrienti.

Ma la tostatura è un processo estremamente delicato: serve un macchinario specifico per il grano ed è proprio Ermanno, figlio di uno dei fondatori, a costruire il primo prototipo. Dopo anni di prove, il processo viene finalmente affinato e inizia la produzione di una nuova generazione di farine: le farine INFIBRA.

"Nella tostatura non c'è un tempo prestabilito, perché il germe di grano è vivo. Tutto cambia ogni giorno, in base alla temperatura, all'umidità e a tantissimi altri fattori imprevedibili. Quando è pronto ce ne accorgiamo dal colore e dal profumo. Non siamo noi, ma il prodotto a parlare"

Ermanno Denti

Con INFIBRA, Molino Denti diventa l'unico produttore in grado di offrire una linea di farine arricchite con germe di grano e crusca; una linea che oggi conta quasi trenta referenze diverse per pane, pizza,

WHAT IF A STEP BACK IS NEEDED IN ORDER TO GO FORWARD?

Hence the idea: roast the grain so as to also be able to use its more noble parts, which were usually discarded because they were unstable and unsuited to industrial processes. Wheat germ and bran are the real treasure of the grain: together they represent less than a quarter of the overall total, but contribute a very high amount of fiber, minerals, antioxidants and vitamins D and E. Using wheat germ and bran parts in flours means salvaging the "right moment", together with all the aromatic richness of the grain, improving the aroma, taste and color of baked goods and making them even more versatile and nutritious.

However, roasting is an extremely delicate process: specialized machinery is needed for wheat and it was Ermanno, the son of one of the founders, who built the first prototype. After years of testing, the process was finally perfected and the production of a new generation of flours commenced: INFIBRA flours.

"There's no set time for roasting, because the wheat germ is alive. Everything changes every day, based on temperature, humidity and many other unpredictable factors. We realize it's ready from the color and the fragrance. It's not us, but the product that speaks."

Ermanno Denti

With INFIBRA, Molino Denti became the only manufacturer able to offer a line of flours enriched with wheat germ and bran; a line that today boasts almost thirty different products for bread, pizza, focaccia, fresh pasta, biscuits, viennoiserie and sweet and savory preparations.

Flours such as Primamacina (with a rustic appearance and very rich in fiber),

focaccia, pasta fresca, biscotteria, viennoiserie e preparazioni dolci e salate.

Farine come Primamacina (dall'aspetto rustico e ricchissima di fibre), cereali&semi (con l'aggiunta di farro, riso nero, mais ma anche curcuma, zenzero e papavero), Spirulina o ancora le referenze specifiche INFIBRAPIZZA e la linea INFIBRACLASSICA, adatta alla preparazione di impasti e prefermenti con lievitazioni differenti.

È così che impiegando la tecnologia in un processo antico si è riusciti a recuperare il gusto autentico del grano, creando farine non solo più buone ma anche più naturali, meno lavorate e con un alto contenuto nutritivo che si conserva anche dopo la cottura, come testimoniano i risultati di una ricerca condotta con l'Università degli Studi di Modena e Reggio Emilia.

FARINE COME UNA VOLTA, CHE DIVENTANO LE FARINE DI DOMANI

Oggi non ci accontentiamo più di un pane o di un prodotto da forno qualsiasi. Vogliamo che sia bello da vedere, originale nella forma e nel contenuto, profumato e fragrante. Ma tutto questo non basta: oltre a essere buono deve essere anche nutriente e adatto a una dieta sana ed equilibrata.

Con farine come INFIBRA, panificatori, pasticceri, pizzaioli e artigiani hanno un'opportunità unica: recuperare le infinite tradizioni locali e regionali del nostro paese, arricchendole e caratterizzandole, ognuno con la propria personalità e creatività, guardando al futuro.

La farina è una materia prima povera, da sempre pilastro della nostra alimentazione. È solo valorizzandola che possiamo apprezzarne la vera ricchezza.

Sabrina Denti

cereali&semi (with the addition of spelt, black rice and corn, as well as turmeric, ginger and poppy), Spirulina and the specific INFIBRAPIZZA products and the INFIBRACLASSICA line, suitable for the preparation of doughs and pre-ferments with different leavenings.

That's how, using technology in an ancient process, it was possible to replicate the authentic taste of wheat, creating flours that are not only tastier, but also more natural, less processed and with a high nutritional content that is preserved even after cooking, as shown by the results of research conducted with the University of Modena and Reggio Emilia.

OLD-STYLE FLOURS, WHICH BECOME THE FLOURS OF TOMORROW

Nowadays, just any old bread or bakery product is no longer enough. We want it to be beautiful to look at, have an original form and content, be scented and fragrant. However, all of that is still not enough: in addition to being tasty, it also has to be nutritious and suited to a healthy and balanced diet.

With flours like INFIBRA, bakers, pastry chefs, pizza chefs and artisans have a unique opportunity: to rediscover the infinite local and regional traditions of our country, enriching and characterizing them, each with their own personality and creativity, with an eye on the future.

Flour is a humble raw material, which has always been a pillar of our diet. It's only by making the most of it that we can appreciate its true richness.

99 Panino al mais, Infibra 1 W300

100 Bignè salato con Mortadella Favola Gran Riserva Palmieri, Infibra 1 W 210

101 Pizza romana con Prosciutto cotto San Giovanni Capitelli, Infibra Crokkia

102 Crackers, Infibra cereali&semi Nerissima

104 Focaccia genovese con Speck IGP Pfitscher, Infibra 0+250

99 Corn sandwich, Infibra 1 W300

100 Savory Cream Puff with Mortadella Favola Gran Riserva Palmieri, Infibra 1 W 210

101 Roman pizza with Prosciutto cotto San Giovanni Capitelli, Infibra Crokkia

102 Crackers, Infibra cereali&semi Nerissima

104 Genoese Focaccia with Speck IGP Pfitscher, Infibra 0+250

106 Crackers, Infibra cereali&semi Nerissima

108 Grissino sfogliato con Prosciutto di Parma DOP 24 mesi Ferrari, Sfoglia soft

109 Roll con Prosciutto crudo Audax 30 mesi Ruliano, Infibra 1 W300 e Infibra cereali&semi Spirulina

110 Pane bruschetta al pomodoro con Prosciutto Amatriciano IGP SANO, Infibra Primamacina Pane Rustico

112 Focaccia genovese con Culatta di Busseto 16 mesi IBIS, Infibra 0+250

106 Crackers, Infibra cereali&semi Nerissima

108 Puff pastry bread stick with Prosciutto di Parma PDO 24 months Ferrari, Sfoglia soft

109 Roll with Prosciutto crudo Audax 30 months Ruliano, Infibra 1 W300 and Infibra cereali&semi Spirulina

110 Tomato bruschetta bread with Prosciutto Amatriciano IGP SANO, Infibra Primamacina Pane Rustico

112 Genoese Focaccia with Culatta di Busseto 16 months IBIS, Infibra 0+250

114 Tramezzino con Prosciutto arrosto Aronne Riserva Leoni, Infibra 1 W300

116 Brioche salata, Farina Croissant

117 Mini bun nero di seppia con Pancetta Bettella 24 mesi, Infibra 1 W300

118 Croissant salato con Prosciutto Amatriciano IGP SANO, Infibra +

120 Roll con Prosciutto cotto San Giovanni Capitelli, Infibra 1 W300 e Infibra cereali&semi Spirulina

114 Tramezzino with Prosciutto arrosto Aronne Riserva Leoni, Infibra 1 W300

116 Savory brioche, Croissant flour

117 Cuttlefish black ink mini-bun with Pancetta Betella 24 months, Infibra 1 W300

118 Savory croissant with Prosciutto Amatriciano IGP SANO, Infibra +

120 Rolls with Prosciutto cotto San Giovanni Capitelli, Infibra 1 W300 and Infibra cereali&semi Spirulina

FINGER FOOD CON I MIGLIORI SALUMI D'ITALIA

THE BEST ITALIAN CURED MEATS
FOR FINGER FOOD

A cura di • Curated by
Davide Di Fabio

Set fotografico • Photo set
Dalla Gioconda, Gabicce Monte (PU)

124 **Cassone al vapore, Pancetta 24 mesi Bettella ed erbe aromatiche**
Il cassone è una tipica preparazione romagnola, l'ho reinterpretata cuocendo a vapore un impasto di pane ed erbette di campo, farcite poi con erbe aromatiche e pancetta.

125 **Battuta di Culatta di Busseto 16 Mesi IBIS e gamberi rosa, brodo di tartufo nero e agrumi**
Ricreare visivamente la carne di Wagyu utilizzando prodotti nostrani. Dolcezza e sapidità.

126 **Neola gratinata al Parmigiano Reggiano, Prosciutto cotto arrosto Aronne Leoni e besciamella**
La Neola come forma che identifica le mie origini, chiusa come una crespella farcita e poi gratinata in forno.

128 **Brodo di Prosciutto crudo di Parma DOP 24 mesi Salumificio Ferrari Giovanni e vermouth**
Si parte con un primo brodo di ossa di prosciutto che viene in seguito chiarificato e profumato con vermouth. Poi vengono messe in infusione fettine sottili di prosciutto crudo e si filtra nuovamente. Il vermouth dona delle note aromatiche molto interessanti facendo virare il gusto sull'amarognolo aromatico.

124 **Steamed cassone box, Pancetta 24 months Betella and aromatic herbs**
The cassone is a typical preparation from Romagna, I have reinterpreted it by steaming a mixture of bread and wild herbs, which are then stuffed with aromatic herbs and bacon.

125 **Chopped Culatta di Busseto 16 months IBIS and pink prawns, black truffle and citrus broth**
Visually recreate Wagyu beef using local produce. Sweetness and sapidity.

126 **Neola au gratin with Parmigiano Reggiano, Aronne Leone baked ham and béchamel sauce**
The neola in the shape that identifies my origin, closed like a pancake, stuffed and then au gratin in the oven.

128 **Prosciutto crudo di Parma PDO 24 months Salumificio Ferrari Giovanni broth and vermouth**
First step is a ham bone broth that is subsequently clarified and scented using vermouth. Then, thin slices of raw ham are infused and it is all filtered again. The vermouth provides interesting aromatic notes, altering the taste so that it assumes an aromatic bitterness.

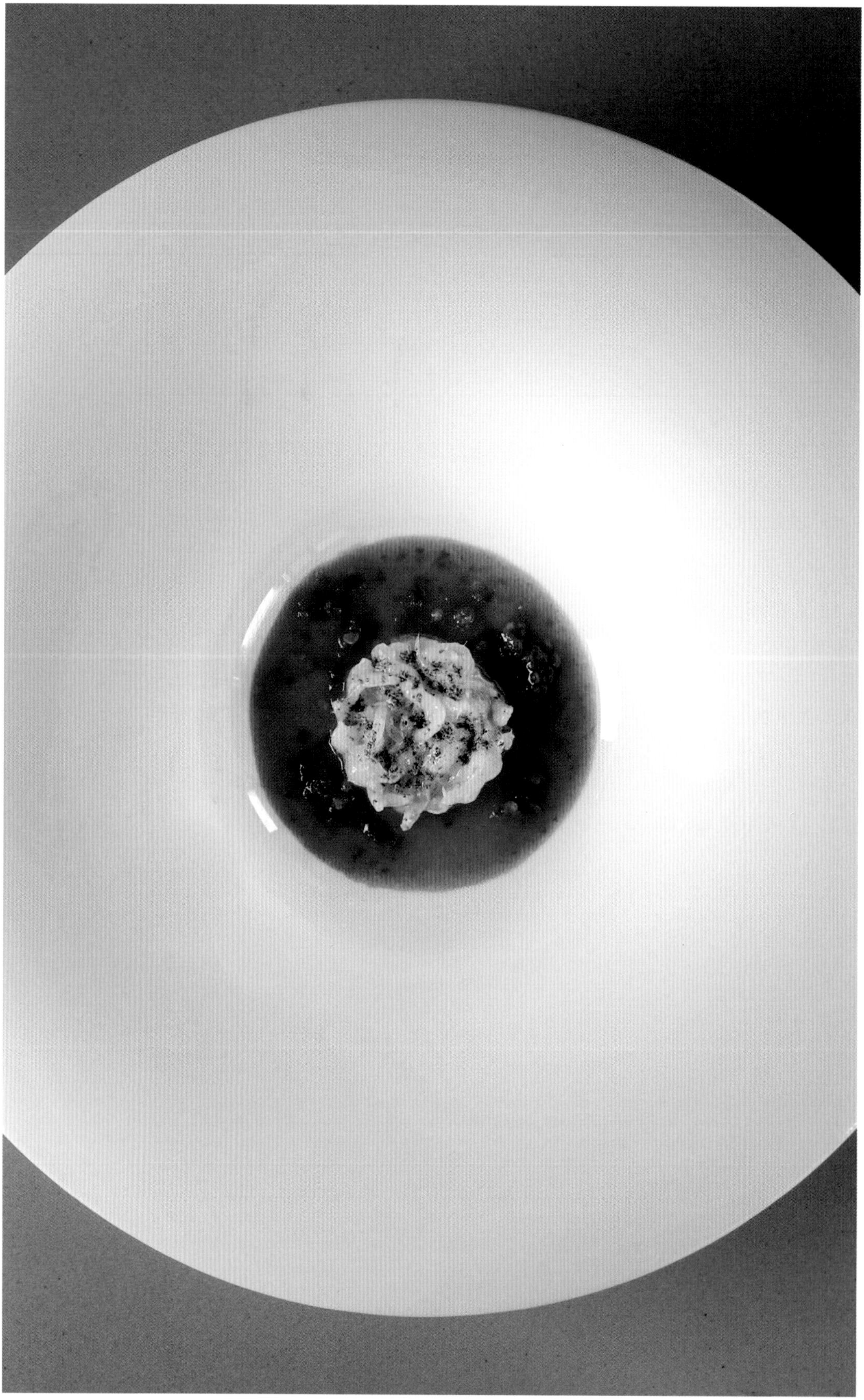

130 **Saltimbocca di lattuga di mare con Prosciutto crudo Audax 30 mesi Ruliano e ricciola**
Quello che mi piace dei saltimbocca è la costruzione a strati, quasi in verticale, elementi marini con altri di terra come gioco e come identità di un luogo, qui diventa quasi un sandwich dove tra due parti croccanti di lattuga di mare si alternano ricciola, estratto di salvia, prosciutto crudo ed erbe aromatiche.

132 **Duetto di tonno e Prosciutto crudo Barrique Galloni, pane e pomodoro**
Pane bagnato nell'acqua di pomodoro, prosciutto crudo e una fetta sottile di tonno rosso dell'Adriatico condito con olio al basilico.

134 **Croque monsieur, Prosciutto cotto San Giovanni Capitelli e pecorino**
Pane casereccio, prosciutto e pecorino, prima cottura in padella con burro e poi spennellato con besciamella aromatizzata ai funghi porcini.

136 **Intingolo di 'nduja, arancio e finocchietto**
Idea presa da un viaggio in Calabria dove mangiai la sardella, qui i rossetti crudi vengono serviti con un intingolo di 'nduja, finocchietto e mandarino tardivo confit.

130 **Sea lettuce saltimbocca with Prosciutto crudo Audax 30 months Ruliano and amberjack**
What I like about the saltimbocca is the layered construction, which is almost vertical, marine elements with others from the soil as a play and as the identity of a place, which here almost becomes a sandwich where two crunchy parts of sea lettuce alternately sandwich amberjack, extract of sage, raw ham and aromatic herbs.

132 **Duet of tuna and Prosciutto crudo Barrique Galloni, bread and tomato**
Bread dipped in tomato water, raw ham and a thin slice of bluefin tuna from the Adriatic seasoned with basil oil.

134 **Croque monsieur, Prosciutto cotto San Giovanni Capitelli and pecorino cheese**
Homemade bread, ham and pecorino, first cooked in a pan with butter and then basted with béchamel flavored with porcini mushrooms.

136 **'nduja, orange and fennel sauce**
This idea came about during a trip to Calabria where I ate sardella, while here the raw Aphia minuta are served with a sauce of 'nduja, wild fennel and late mandarin marmalade.

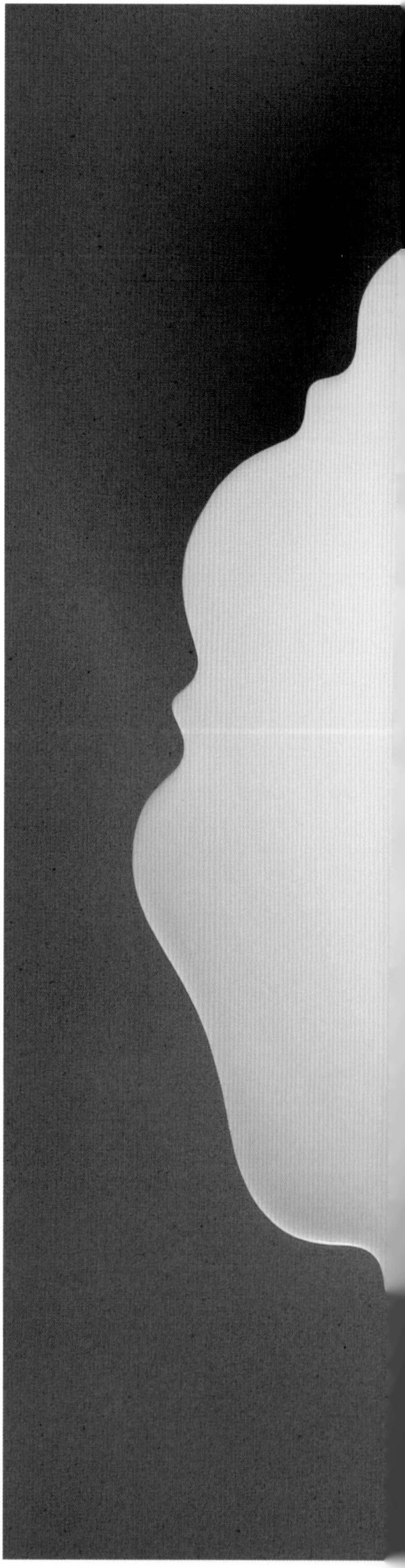

138 Cappelletti di olive amare, ciauscolo artigianale, burro all'arancio e ricci di mare
La forma del cappelletto per portare al palato un ripieno di olive fresche cotte e ridotte in una pasta amarognola, olio, ricci di mare, ciauscolo e burro all'arancio per re codificare un gusto che ci appartiene.

140 Olive farcite con Mortadella Favola Gran Riserva Palmieri alla royale
La royale è un piatto della cucina classica francese, la stessa opulenza l'ho ottenuta con un ripieno a base di mortadella, tartufo nero pregiato, spezie e un fondo di lepre. Il tutto racchiuso all'interno di un'oliva panata al nero e fritto in modo da assomigliare ad un tartufo.

142 Fritto di calamarata, seppia e Lardo 24 mesi Bettella
Ironia sulla frittura di calamari e sul taglio lardo/calamaro. Volevo simulare gli anelli di calamaro con una calamarata stracotta in brodo di calamaro e poi fritta, sopra fettine sottili di seppia condite come il lardo, lardo pestato, buccia di limone.

138 Bitter olive cappelletti, artisanal ciauscolo, orange butter and sea urchins
The shape of the cappelletto brings to the palate a filling of cooked fresh olives reduced to a slightly bitter paste, oil, sea urchins, ciauscolo and orange butter to re-classify a taste that belongs to us.

140 Olives stuffed with Mortadella Favola Gran Riserva Palmieri alla royale
The royale is a classic French dish, I managed to end up with the same opulence with a filling based on mortadella, black truffle, spices and a base of hare. All enclosed in an olive breaded in black and fried to resemble a truffle.

142 Fried calamarata, cuttlefish and Lardo 24 months Bettella
Irony regarding fried squid and lard/squid cuts. My aim was to simulate squid rings with a calamarata overcooked in squid broth and then fried, on top of thin cuttlefish slices seasoned like lard, crushed lard, lemon peel, ingredients and perfect cooking.

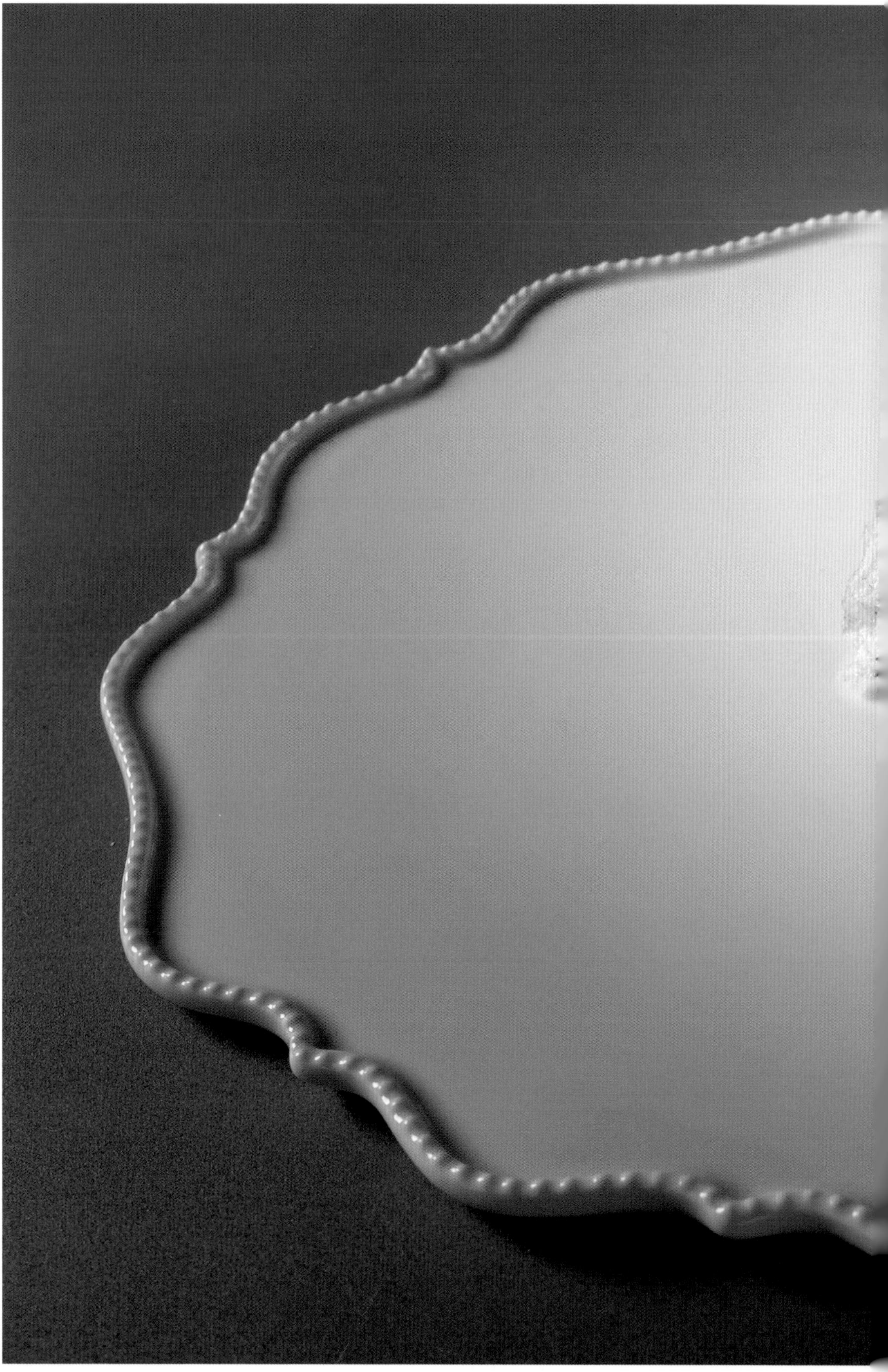

144 Bikini con Prosciutto Arrosto Aronne Riserva Leoni, tartufo nero pregiato e formaggio magnifico
Come fare un toast? Con ingredienti di qualità e una cottura perfetta. Il tartufo nero pregiato mi porta note profumate e terragne che danno un twist diverso a questa preparazione.

146 Bresaola Bio Primitiva Paganoni tonnata
Sono cresciuto con il vitello tonnato, la bresaola l'ho semplicemente accompagnata con una salsa tonnata preparata emulsionando fondo di tonno con olio, capperi, acciughe, senape e limone.

148 Paccheri alla Suzette, mandarino tardivo e Lardo 24 mesi Bettella
Sostituire il morso della crêpe a quello italiano della pasta. Salsa classica suzette con aggiunta di fondo di anatra e un velo sottile di lardo.

Il formato è rigato, si avvicina ai più tradizionali mezzo pacchero o mezza manica, ed è stato realizzato rispettando la proporzione aurea UNO.61 creando un formato originale, unico e definito.

144 Bikini with Prociutto Arrosto Aronne Leoni Reserve, select black truffle and magnificent cheese
How to make a toast? With quality ingredients and perfect cooking. The select black truffle gives me scented, earthy notes that lend this preparation a different twist.

146 Organic Bresaola Primitiva Paganoni with tuna sauce
I grew up with veal in tuna sauce, so I simply accompanied the bresaola with a tuna sauce prepared by emulsifying tuna stock with oil, capers, anchovies, mustard and lemon.

148 Paccheri alla Suzette, late tangerine and Bettella Lard aged 24 months
Substitute the morsel of crêpes for the Italian morsel of pasta. Classic suzette sauce with added duck stock and a thin veil of lard.

The striped format is similar to the more traditional short pacchero or short sleeve, and was made by observing the golden proportion UNO.61, creating an original, unique and well-defined shape.

BIBLIOGRAFIA

BIBLIOGRAPHY

Berta P., Mainardi G., *Il Grande Libro del Vermouth di Torino,* EDT, Torino 2018

Maffioli E., *Soul Vermouth,* Trenta Editore, Milano 2018

Piccinino F., *Il Vermouth di Torino,* Graphot Editrice, Torino 2016

Piccinino F., *Amari e Bitter,* Graphot Editrice, Torino 2019

Piroia R., *L'aperitivo. Filosofia, storia, costume, scienza e coscienza,* Mnamon, Milano 2021

Strucchi A., *Il Vermouth di Torino,* Tip. C. Cassone, Casale 1909

PODCAST

Grandi A. e Soffiati D., *Agitato non mescolato - Gli aperitivi e i cocktail,* [Podcast], in *DOI - Denominazione di origine inventata* a cura di One Podcast, 7 luglio 2022, 19' 50"

E SITOGRAFIA

AND SITOGRAPHY

www.aperol.com

www.caffemulassano.com

www.camparino.com

www.gazzettaufficiale.it/eli/id/2017/04/03/17A02417/sg

www.jamesmagazine.it

www.localistorici.it

www.ramazzotti1815.com

www.saperebere.com

www.selectaperitivo.it

www.vermouthditorino.org

BIOGRAFIA E RINGRAZIAMENTI

BIOGRAPHY AND THANKS

Sabatino Sorrentino, classe 1976, nasce a Pagani (SA) e cresce a Sant'Egidio del Monte Albino un piccolo borgo medievale in provincia di Salerno. Nella sua carriera vanta collaborazioni con importanti editori italiani per la stesura di libri e riviste del settore enogastronomico. Tra gli altri - La Repubblica, L'Espresso, Spirito di Vino, VITAE A.I.S. È appassionato di arte contemporanea, vini pregiati, salumi e *wine pairing.*

La svolta della sua vita arriva nel 1997 quando si trasferisce ad Albinea nelle prime colline di Reggio Emilia dove vive e lavora. È felicemente sposato con Rossella l'amore della sua vita, e padre di Federica e Francesca.

Da venticinque anni è titolare del ristorante Eco del Mare di Albinea (RE). Dopo i primi passi nella ristorazione si innamora del mondo del vino e nel 2008 conquista il titolo di sommelier professionista.

Sabatino Sorrentino was born in 1976 in Pagani (SA) and grew up in Sant'Egidio del Monte Albino, a small medieval village in the province of Salerno. Throughout his career he has collaborated with important Italian publishers writing content for books and magazines relating to the food and wine sector. These include: La Repubblica, L'Espresso, Spirito di Vino, VITAE A.I.S.

His great passions are contemporary art, fine wines, cured meats and wine pairing.

The turning point in his life occurred in 1997 when he moved to Albinea in the hills of Reggio Emilia where he still lives and works. He is happily married to Rossella, the love of his life, and is the father of Federica and Francesca.

For the last twenty-five years, he has been the owner of the Eco del Mare restaurant in Albinea (RE). After an initial experience in the catering sector, he fell in love with the world of wine and in 2008 won the title of professional sommelier. In 2010, he was awarded the title of Master Sommelier with scholarship signed by chef Gualtiero Marchesi from the Alma di Colorno (PR) international school of Italian cuisine during the 1st edition of the specialist course "La Gestione e la comunicazione del vino".

Since 2012, he has been the president of Gurus srl, a food and wine consultancy firm, and from 2013, the owner and curator of the *Guida Salumi d'Italia,* the first Italian guide to the charcuterie sector.

In 2014, he received the DIRE, FARE, SOGNARE award that celebrates the food and wine culture of Emilia-Romagna.

In June 2016, he organized a special exhibition with 55 works exhibited in the Library of Albinea in memory of the Master of Art Alberto Manfredi and Sergio Manetti, producer of the prestigious wine "Le Pergole Torte" of Montevertine.

Nel 2010 all'Alma di Colorno (PR) scuola internazionale di cucina Italiana alla 1° edizione del Master "La Gestione e la comunicazione del vino" viene insignito del titolo di Master Sommelier con borsa di studio firmata Gualtiero Marchesi.

Dal 2012 è Presidente di Gurus srl studio di consulenza enogastronomica e dal 2013 è titolare e Curatore del progetto *Guida Salumi d'Italia,* prima guida italiana di settore.

Nel 2014 riceve il premio DIRE, FARE, SOGNARE, un riconoscimento alla cultura enogastronomica della Regione Emilia-Romagna.

Nel giugno 2016 organizza una mostra inedita con 55 opere esposte nella Biblioteca di Albinea in memoria del Maestro d'Arte Alberto Manfredi e Sergio Manetti produttore del prestigioso vino "Le Pergole Torte" di Montevertine.

Nel 2016 ha fatto parte del comitato scientifico del libro *Il Sommelier Contemporaneo* di Andrea Grignaffini (italiangourmet).

Nel maggio 2017 in occasione della fiera Tuttofood di Milano ha ideato il primo "Tasting Theatre" rassegna dei migliori salumi d'Italia.

Nel medesimo anno, è stato co-curatore della guida *Ristoranti vini e salumi Friuli-Venezia Giulia 2017* de Le Guide de L'Espresso.

Dal 2017 al 2020 è stato co-autore della Guida Vini de l'Espresso e nel 2021 in Via Crocioni di Albinea ha dato vita allo spazio Gurus Lab, un salotto del vino dedicato al *wine pairing.*

Dal 2023 è direttore della *Guida Vini di vignaioli artigiani* edita da Maretti.

In 2016, he was a member of the scientific committee for the book *Il Sommelier Contemporaneo* by Andrea Grignaffini (italiangourmet). In May 2017, during the Tuttofood fair in Milan, he invented the first "Tasting Theatre" with a collection of the best Italian cured meats.

In the same year, he was co-curator of the guide *Restaurants, wines and cured meats of Friuli-Venezia Giulia 2017* published by L'Espresso as part of their Guide series.

From 2017 to 2020, he was co-author of the Guide to Wines by L'Espresso, and in 2021 he created the Gurus Lab space in Via Crocioni in Albinea, a wine lounge dedicated to wine pairing.

Since 2023 he has been editor of the *Guida Vini di vignaioli artigiani* published by Maretti.

Ringraziamenti

Un sentito ringraziamento agli amici che hanno profuso impegno per la realizzazione di questo libro.

Per la realizzazione dei prodotti da forno: Molino Denti (Borzano di Albinea), Sandra Arcidiacono e Fabio Speranza;

Per l'esecuzione dei cocktail: Jigger – spiriti e cucina (Reggio Emilia) e Samuele Campanini;

Per la creazione dei finger food: Dalla Gioconda (Gabicce Monte) e Davide Di Fabio.

Thanks

A special thank you to the friends who contributed to the production of this book.

For the baking: Molino Denti (Borzano di Albinea), Sandra Arcidiacono and Fabio Speranza;

For the preparation of the cocktails: Jigger - spiriti e cucina (Reggio Emilia) and Samuele Campanini;

For the creation of the finger food: Dalla Gioconda (Gabicce Monte) and Davide Di Fabio.

Realizzato e prodotto in Italia
Finito di stampare nel mese di ottobre 2023

Made and produced in Italy
Printing closed in October 2023

www.marettimanfredi.it
INSTAGRAM: marettimanfrediedizioni
FACEBOOK: Maretti e Manfredi Edizioni